Grammatik · Zeichensetzung: Schwerpunkte

Ein Programm zur Erweiterung der Ausdrucksfähigkeit im Deutschen

Lehr- und Arbeitsbuch

Von Gudrun Häusler, Theo Scherling, Gernot Häublein

LANGENSCHEIDT
BERLIN · MÜNCHEN · WIEN · ZÜRICH · NEW YORK

Grammatik · Zeichensetzung:
Schwerpunkte

Von Gudrun Häusler

in Zusammenarbeit mit
Theo Scherling (Zeichnungen, Layout, Umschlag, Konzeption)
Gernot Häublein (Konzeption, textliche Beratung)

Druck: 10. 9. 8. 7. 6. | Letzte Zahlen
Jahr: 96 95 94 93 92 | maßgeblich

Druck: Druckhaus Langenscheidt, Berlin
Printed in Germany · ISBN 3-468-49821-7

Inhaltsverzeichnis

Informationen für Lernende

Ausdrucksprobleme und Lernziele

Die Idee zu diesem Buch entstand in Deutschkursen für Erwachsene, bei denen immer wieder bestimmte Unsicherheiten in der Grammatik und Zeichensetzung auftraten. Diesen nach unserem Eindruck wichtigsten Schwerpunkten unsicherer oder fehlerhafter Sprachverwendung ist dieses Buch gewidmet. Es versucht, durch eine heitere und interessante Text-Bild-Folge, mit Regelhilfen und praktischen Übungen denjenigen hartnäckigen Sprachproblemen eher spielerisch beizukommen, die auch Sie wohl als Hemmnisse in Ihrem mündlichen und schriftlichen Ausdruck empfunden haben. Dieses Buch ist also keine vollständige, systematische Darstellung der deutschen Grammatik und Zeichensetzung, die Lernende erfahrungsgemäß wegen ihrer Fülle von Regeln und Ausnahmen oft abschreckt. Es soll Ihnen vielmehr Spaß machen, sich mit den "Tücken" der deutschen Sprache zu beschäftigen und damit gleichzeitig Ihre eigene Ausdrucksfähigkeit zu erweitern.

Praktisches Arbeiten mit diesem Buch

Sie können dieses Buch in ganz unterschiedlicher Weise benutzen:

- durchgehende Bearbeitung der Lernabschnitte von 1 bis 19, etwa in einem Kurs zur Grammatik und Zeichensetzung;
- Bearbeitung der Lernabschnitte in geänderter Reihenfolge und/oder in Auswahl, über die Sie mit Ihrer Lehrerin/Ihrem Lehrer entscheiden können;
- immer wieder gezielte Bearbeitung eines bestimmten Lernabschnitts, wenn Sie oder Ihre Lehrerin/Ihr Lehrer in einem Deutschkurs (etwa mit anderen "Bausteinen" aus unserem Deutsch-Programm) einen Nachholbedarf feststellen. Dieses Buch bekommt damit die Aufgabe eines ständigen Begleiters beim Deutschlernen.

Unser Buch enthält neben den Text- und Übungsteilen, die natürlich im Mittelpunkt stehen, einige wichtige Lernhilfen:

1. Links bzw. rechts oben auf jeder Seite finden Sie über die große Ziffer schnell den Lernabschnitt, den Sie bearbeiten wollen.
2. Die Übungen sind entweder mit Ü oder mit S gekennzeichnet; die erste Gruppe ist vor allen Dingen für das gemeinsame Üben im Unterricht gedacht, die zweite eignet sich gut für das Selbstlernen zu Hause. Die meisten Ü -Übungen sind außerdem so angelegt, daß sie am wirkungsvollsten zu zweit oder in kleinen Gruppen bearbeitet werden können.

3. Zu allen Übungen, die weitgehend eindeutige Lösungen haben, gibt es im Buchanhang einen "Schlüssel" mit Lösungsvorschlägen; diese sind genauso numeriert wie die Übungen vorne. Mit dem "Schlüssel" können Sie Ihren Lernerfolg kontrollieren, gleich nachdem Sie eine Übung ganz durchgearbeitet haben.

4. Dieses Zeichen macht Sie auf alle wichtigen Regelhilfen und erläuternde Beispiele zur Grammatik aufmerksam, die auf hellgrauen Rasterflächen stehen. Diese Regeln prägen sich am besten durch die anschließenden Übungen und damit ihre praktische Anwendung ein; Sie sollen also nichts auswendig lernen!

5. Die vielen einzelnen "Tabellen und Übersichten" am Ende des Buchs gehören jeweils zu bestimmten Lernabschnitten, wo an entsprechender Stelle auf sie hingewiesen wird. Sie sind nur deshalb im Anhang zusammengefaßt, damit ein schnelles Nachschlagen ermöglicht und andererseits der sichtbare Zusammenhang von Texten, Bildern, Regeln und Übungen im Lernabschnitt nicht unnötig gestört wird. Sie stellen auch keine systematische Nachschlagegrammatik dar.

6. Alle schwierigen Wörter (besonders Fachausdrücke und Fremdwörter), die in diesem Buch vorkommen, werden in der "Alphabetischen Liste" ganz am Ende des Buchs erklärt und z. T. mit Beispielen verdeutlicht.

Die Zeichnungen und Fotos

Die Zeichnungen und Fotos sind nicht nur als witziges Mittel zur Textauflockerung gedacht, sondern sollen Anregungen zum Sprechen und Schreiben geben. Darüber hinaus helfen sie sicher vielen Lernenden als Gedächtnisstütze. Lassen Sie sich den Spaß an diesen Bildern nicht nehmen durch die Tatsache, daß sie in einem Lehrbuch sind!

"Bausteine Deutsch" – Ihr Programm zur Erweiterung der Ausdrucksfähigkeit im Deutschen

Dieses Buch ist ein Baustein aus dem Programm "Bausteine Deutsch" (Bücher und Tonband-Cassetten), aus dem jeder Lehrer und jeder Lernende seine Auswahl treffen kann. Damit können Unsicherheiten und Mängel in der Verwendung des Deutschen als Verständigungsmittel für praktisch jede Art von Lerngruppe gezielt behoben und neue Fertigkeiten erworben werden.

„… wenn du jetzt nicht den Mund hältst, mußt du reden …“
Hans Peter Keller

Deutsch Sprak, schwer Sprak!
Redensart

„Die Sprache ist die Mutter, nicht die Magd des Gedankens.“
Karl Kraus

„Ein guter Satz hat viele Fenster.“
Friedrich Georg Jünger

„Die Sprache ist dem Menschen gegeben, um seine Gedanken zu verbergen.“
Nach Talleyrand

„In keiner Sprache kann man sich so schwer verständigen wie in der Sprache.“
Karl Kraus

„Wer schweigt, ist dumm.“
Lessing

„Wenn gute Reden sie begleiten, dann fließt die Arbeit munter fort.“
Schiller

1 Buchstaben – Silben – Wörter

Das deutsche Alphabet besteht aus je 26 großen und kleinen Buchstaben. Dieser Vorrat an Schriftzeichen ermöglicht es, alles Gedachte und Gesagte schriftlich festzuhalten.

A B C D E F G H I

a b c d e f g h i

Aa Bb Cc Dd Ee Ff Gg Hh Ii

J K L M N O P Q

j k l m n o p q

Jj Kk Ll Mm Nn Oo Pp Qu qu

R S T U V W X Y Z

r s t u v w x y z

Rr Ss Tt Uu Vv Ww Xx Yy Zz

- Die Zeichen A, E, I, O, U stehen für Vokale (Selbstlaute), das Y für den Umlaut-Vokal Ü (siehe unten).
- Die anderen 20 Zeichen des Alphabets stehen für Konsonanten (Mitlaute).
- Daneben gibt es noch die Sonderzeichen Ä, Ö, Ü, die für "Umlaute" von Vokalen stehen: Ärger, böse, übermütig,
  und das Zeichen ß, das nur kleingeschrieben in der Wortmitte oder am Wortende auftritt: Fuß, dreißig.

Ü1

Finden Sie Beispielwörter mit Vokal- und Umlautzeichen am Anfang oder in der Mitte. Welcher Gruppe gehören die restlichen Zeichen an? Was ist eine "Silbe"?

Ü2

Buchstaben werden zu Silben, Silben werden zu Wörtern. Beispiele:

Vorsilben (Präfixe): u + n = un-; g + e = ge-; v + e + r = ver-

Stammsilben: b + a + u = -bau-; t + e + i + l = -teil-; l + e + h + r = -lehr-

Endsilben (Suffixe): e + n = -en; i + g = -ig; h + e + i + t = -heit

Bilden Sie mit den Silben in diesen Vorratskisten Wörter, indem Sie an jeweils einen Wortstamm (= eine Stammsilbe) verschiedene Vor- und Nachsilben anfügen:

Beispiel:	Vorsilben-	-Stammsilben-	-Endsilben
	miß-	-mut-	
	ver-	-mut-	-en
		-mut-	-ig

Ü3

Finden Sie weitere Vor- und Endsilben. – Bilden Sie damit möglichst große Gruppen von neuen Wörtern wie in Ü2.

S1

1. Sehen Sie in der Wortarten-Liste (S. 10) nach, welche Arten von Wörtern Sie in Ü2 und Ü3 gebildet haben.
2. Gibt es Zweifelsfälle? Notieren Sie diese.

2 Wortarten

			Beispiele
1	Verb	Zeitwort, Tätigkeitswort	lesen, essen, spielen
1a	Hilfsverb	Hilfszeitwort	haben, sein, werden
1b	Modalverb	abtönendes Zeitwort, das die Art und Weise einer Handlung/eines Vorgangs angibt, also die Bedeutung eines Zeitworts verändert oder "abtönt"	lernen sollen, lernen wollen, lernen können, lernen mögen, lernen müssen, lernen dürfen
2	Artikel	Geschlechtswort	der, die, das; ein, eine
3	Substantiv	Hauptwort, Dingwort, Namenwort	Buch, Stadt, Liebe
4	Adjektiv	Eigenschaftswort	gut, schön, groß
5	Pronomen	Fürwort	ich, du, wir, ihr, sie; mein, dein, sein; dieser, jener
6	Numerale	Zahlwort	ein(s), zwei, hundert; viele; die neunte ...
7	Adverb	Umstandswort	hier, heute, sehr, deshalb
8	Konjunktion	Bindewort	und, aber, oder, als, weil, daß
9	Präposition	Verhältniswort	über, unter, vor, neben, in, an, auf
10	Interjektion	Ausrufe- oder Empfindungswort	uh!, auwei!, bäh!, pfui!, igitt!

Die Wortarten 1-6 sind flektierbar (beugbar), d. h., wir können sie verändern, z. B. durch Anhängen von Endungen (der Baum - des Baum(e)s.)

Die Wortarten 7-10 sind nicht flektierbar, wir können sie immer nur in derselben Form verwenden (hier, und, auf, uh!)

Ü1

Versuchen Sie, im folgenden Text zu jeder Wortart aus der Liste (links) ein Beispielwort zu finden:

Er lachte noch.

„Ach! kleines Kerlchen, kleines Kerlchen! Ich höre dieses Lachen so gern!"

„Gerade das wird mein Geschenk sein ... Es wird sein wie mit dem Wasser ..."

„Was willst du sagen?"

„Die Leute haben Sterne, aber es sind nicht die gleichen. Für die einen, die reisen, sind die Sterne Führer. Für andere sind sie nichts als kleine Lichter. Für wieder andere, die Gelehrten, sind sie Probleme. Für meinen Geschäftsmann waren sie Gold. Aber alle diese Sterne schweigen. Du, du wirst Sterne haben, wie sie niemand hat ..."

„Was willst du sagen?"

„Wenn du bei Nacht den Himmel anschaust, wird es dir sein, als lachten alle Sterne, weil ich auf einem von ihnen wohne, weil ich auf einem von ihnen lache. Du allein wirst Sterne haben, die lachen können!"

Und er lachte wieder.

„Und wenn du dich getröstet hast (man tröstet sich immer), wirst du froh sein, mich gekannt zu haben ..."

Wort:	Wortart:	Wort:	Wortart:
______	______	______	______
______	______	______	______
______	______	______	______
______	______	______	______
______	______	______	______
______	______	______	______

Sprichwörtliches

Wer will, was er kann, fängt nichts vergeblich an.

Er zeigt uns, was eine Harke ist.

Der Mensch ist, was er ißt.

Da steckt der Wurm drin.

Den Letzten beißen die Hunde.

Gegensätze ziehen sich an.

Sie plaudert aus der Schule.

Bleibe im Lande und nähre dich redlich!

Er lacht sich ins Fäustchen.

Spare in der Zeit, so hast du in der Not!

Eine Schwalbe macht noch keinen Sommer.

Wer in der Jugend nie töricht war, der wird im Alter nie weise sein.

Die Masse bringt es.

Er kann den Hals nicht voll genug kriegen.

Nachts sind alle Katzen grau.

Er lebt wie die Made im Speck.

Wer andern eine Grube gräbt, fällt selbst hinein.

Arzt, hilf dir selber!

Es kann nicht sein, was nicht sein darf.

Sie nimmt kein Blatt vor den Mund.

Man soll den Tag nicht vor dem Abend loben.

Was du heute kannst besorgen, das verschiebe nicht auf morgen!

Niemand kann über den eigenen Schatten springen.

PROBIEREN geht über STUDIEREN.

Verben: Konjugation (Beugung der Zeitwörter) → Anhang, S. 77-91 3

Ü1

Suchen Sie aus den Sätzen (links) die Verben heraus und ordnen Sie diese einer der Gruppen a) - d) zu:

a) unregelmäßige Verben

z. B. rennen - rannte - gerannt
fallen - fiel - gefallen
nehmen - nahm - genommen

b) regelmäßige Verben

z. B. lachen - lachte - gelacht
zeigen - zeigte - gezeigt
nähren - nährte - genährt

c) Modalverben
(vgl. Liste S. 10)

d) Hilfsverben
(vgl. Liste S. 10)

Ü2

Sehen Sie sich an, wie ein unregelmäßiges Verb konjugiert wird, d. h., welche Tempora (Zeitformen) es hat:

	Präsens		Perfekt	Präteritum	Plusquamperfekt	Futur I	Futur II
Indikativ	ich du	komme kommst	bin gekommen bist gekommen	kam kamst	war gekommen warst gekommen	werde kommen wirst kommen	werde gekommen sein wirst gekommen sein .....
Imperativ	- - -	komm! kommt! kommen Sie!	- - -	- - -	- - -	- - -	- - -
Konjunktiv	ich du	komme kommest	sei gekommen seist gekommen	käme kämst	wäre gekommen wärst gekommen	werde kommen werdest kommen	werde gekommen sein werdest gekommen sein .....
	Konjunktiv I			Konjunktiv II		Konjunktiv I	

Sehen Sie nun die Konjugationstabellen auf S. 80-86 an und konjugieren Sie je ein Verb der Gruppen a) - d) aus Ü1. Die neuen Begriffe der Tabelle finden Sie in der "Alphabetischen Liste" im Anhang erklärt.

4 Verben: Indikativ (Wirklichkeitsform), Konjunktiv (Möglichkeitsform), Imperativ (Aufforderungs- und Befehlsform)

→ Anhang, S. 79

INDIKATIV:	KONJUNKTIV I:	KONJUNKTIV II:
Der Mensch ist, was er ißt.	Man sagt, der Mensch sei, was er ißt.	Ich wünschte, der Mensch wäre, was er ißt.
= uneingeschränkte Aussage; Wirklichkeit	= berichtete, indirekte Aussage; eingeschränkte Möglichkeit	= Wunsch oder Bedingung, die praktisch unerfüllbar sind; irreale Möglichkeit

Ü1

Die Sprichwörter von S. 12, die mit einem Punkt enden, sind Aussagen im Indikativ. Schreiben Sie diese wie in den Beispielen oben im Konjunktiv I und im Konjunktiv II auf und unterstreichen Sie die Verbformen.

Ü2

Welche Sprichwörter lassen sich nur schwer in den Konjunktiv II umsetzen, welche klingen dann unsinnig? Warum?

INDIKATIV:	IMPERATIV:
Der Arzt hilft sich selber.	Arzt, hilf dir selber!
= Aussage	= Aufforderung, Befehl

Ü3

Schreiben Sie diejenigen Sprichwörter von S. 12 heraus, die Sie für Imperative halten, und unterstreichen Sie Verbformen und abschließende Satzzeichen. Schreiben Sie diese Sätze dann in Indikativ-Aussagen um.

Ü4

Schreiben Sie diese öffentliche Erklärung in direkter Rede zu einem Bericht darüber in indirekter Rede um:

„Als bayerischer Ministerpräsident mußte ich mich daran gewöhnen, gute bayerische Traditionen gegen Unverstand aus Bonn und Brüssel zu verteidigen. Bocksbeutel, Gebirgsjäger und bayerisches Reinheitsgebot stehen für vieles andere.

Daß nun ausgerechnet die Münchner Brauereien, die sich bisher stets als Hüter solcher Traditionen verstanden haben, die Axt ans Eichenfaß legen und künftig auf der Wies'n das Bier aus Containern fließen lassen wollen, ist für mich eine unerwartete und als Bayer und gebürtiger Münchner eine arg schmerzliche Erfahrung.

Wann wird auf Pappbecher umgestellt werden? Soll künftig der Hendlduft aus der Dose stammen, der Brez'n-Geschmack aus der Tablette, sollen Steckerlfisch und Würste pasteurisiert und vakuumverpackt auf den Tisch kommen? Ist es nur noch eine Frage der Zeit, bis Mais, Reis und Kartoffelzusätze beim Bier erlaubt sein werden?

Ich appelliere an die Münchner Brauereien, sich nicht zum Vorreiter einer Entwicklung zu machen, an deren Ende wieder ein Stück bayerischer Tradition zu Grabe getragen wird."

S1

Schreiben Sie den Text zu dieser Bildergeschichte!

INDIKATIV

Was tun/denken Frau Kohlschmidt, Bello und Herr Haase?

Bello: "

Frau Kohlschmidt blickt

Was wünschen sich die drei?

KONJUNKTIV

Herr Haase wünscht, er wäre

Bello meint, er könne

IMPERATIV

Was befiehlt Frau Kohlschmidt? Was fordert Bello?

5 Verben: Aktiv und Passiv

gpa - 1. 4. Cornwall. - Ein Sporttaucher, der sich gestern um Frischfisch für seinen Mittagstisch bemühte, wurde unversehens vom Jäger zum Gejagten gemacht. Ein Heringshai verspeiste zuerst seine harpunierten Fische und schnappte dann voller Appetit nach den Armen und Beinen des Tauchers, der sich mit knapper Not ins flache Wasser rettete. Hier wurde er von einigen Badegästen an Land gebracht und mit einem kräftigen Schluck Branntwein beruhigt. Einheimische Fischer sind jedoch der Ansicht, daß der Hai sich dem Taucher nicht aus Freßlust genähert habe, sondern daß dieser von dem Tier versehentlich zum Objekt fischigen Liebeswerbens ausersehen wurde.

AKTIV

Ein Fisch beißt bei Ihnen an.

Jemanden auf die Schippe nehmen ...

PASSIV

Sie werden selbst vom Fisch gebissen.

... auf die Schippe genommen werden.

AKTIV: Vom Subjekt des Satzes geht eine Handlung oder ein Vorgang aus.

PASSIV: Das Subjekt ist Gegenstand, Objekt, "Opfer" einer Handlung oder eines Vorgangs.

Ü1

Unterstreichen Sie alle Passivformen in der Zeitungsnotiz oben. Versuchen Sie, diese in Aktivformulierungen umzuwandeln.

S1

Achten Sie beim Zeitunglesen auf Passivformen und sammeln Sie die schwierigsten oder interessantesten davon.

PASSIV - und was noch?

Wer braucht Nachhilfeleh-
rer für seine Kinder?
Tel. 12 21 80

Wir übersetzen in alle
Sprachen! Kontakt über
Chiffre XS 29

Langlaufski Marke "Fix",
wurden kaum gebraucht,
billig abzugeben.
Tel. 41 28 38

PASSIV gesucht - zuletzt
gesehen auf S. 16! Beson-
dere Kennzeichen: "werden"
+ Partizip II - bei Auftau-
chen sofort markieren.
Belohnung!

Gesucht wird stundenwei-
se Schankaushilfe.
Hotel zum Faß - 67 61 16

Bestellungen werden prompt
ausgeführt - Tel. 10 99 27,
Fa. Öl-Import

Lassen Sie sich von uns
verwöhnen - Sie werden es
nicht bereuen: Susi + Anni
Chiffre: Verwöhnt werden

Gern verschönern wir Sie!
Beauty Saloon - 30 30 33

Schlüssel gefunden - Woh-
nung dazu wird gesucht!
Hausmann, 87 81 40

Ihre Münzen sind wertvoll -
wir beraten Sie gern.
56 67 78

Geschmiert läßt es sich
besser fahren - Ölwechsel
sofort!
Fa. Klitsch 26 22-1

Bei uns werden Sie wenig-
stens DM 5000 verdienen.
Anrufen: Supersell 96 86 31

S2

Welches sind die Passivformen in den Anzeigen?
Unterstreichen Sie diese. - Gibt es auch verkürzte Passivformen?
Unterringeln Sie diese Kurzformen. Welches Wort ist entfallen?

Betrifft: Schriftliche Verwarnung mit Verwarnungsgeld/Anhörung des Betroffenen vor Erstattung einer Ordnungswidrigkeiten-Anzeige.

Sehr geehrter Verkehrsteilnehmer,

IHNEN WIRD ZUR LAST GELEGT, AM 10.04.81, UM 08.13 UHR IN
BERLIN 48, NAHMITZER DAMM RI. BUCKOWER CHAUSSEE
ALS FUEHRER DES PKW , B-Z 4134
FOLGENDE ORDNUNGSWIDRIGKEIT(EN) NACH PAR.24 STVG BEGANGEN ZU HABEN:
SIE ÜBERSCHRITTEN DIE ZULÄSSIGE HÖCHSTGESCHWINDIGKEIT VON 50KM/H.
DIE GEMESSENE GESCHWINDIGKEIT BETRUG ABZÜGLICH DER TOLERANZ 57KM/H.
DAS ERGIBT EINE GESCHWINDIGKEITSÜBERSCHREITUNG VON 7KM/H.
PAR. 3(3),49 STVO.

Wegen der umseitig näher bezeichneten Zuwiderhandlung sollen Sie - zur Vermeidung einer Anzeige - nach § 56 Ordnungswidrigkeitengesetz (OWiG) verwarnt werden. Dies setzt Ihr Einverständnis voraus. Ihr Einverständnis können Sie dadurch erklären, daß Sie das umseitig genannte Verwarnungsgeld mit anhängendem Zahlschein **innerhalb einer Woche** nach Erhalt dieses Vordrucks einzahlen. Damit wird die Verwarnung wirksam, die Angelegenheit ist erledigt und die Rücksendung des Vordrucks entfällt.

Verspätet eingehendes Verwarnungsgeld läßt die Verwarnung nicht wirksam werden. Der Geldbetrag wird dann auf die Geldbuße angerechnet.

Sind Sie mit der Verwarnung nicht einverstanden, senden Sie bitte den in leserlicher Form (Druck- oder Maschinenschrift) ausgefüllten Vordruck mit Ihrer Unterschrift **innerhalb einer Woche** nach Erhalt zurück. Hierbei sind Sie nach § 111 OWiG **verpflichtet, Ihre Personalien vollständig und richtig anzugeben.** Die Verletzung dieser Pflicht ist mit Geldbuße bedroht.

Sofern Sie sich nicht zu dem Vorwurf äußern, wird davon ausgegangen, daß Sie von Ihrem Äußerungsrecht keinen Gebrauch machen wollen. Es kann dann ohne weitere Anhörung zur Sache oder Vorladung ein Bußgeldbescheid gegen Sie erlassen werden.

Falls Sie sich zu dem Vorwurf äußern, wird unter Berücksichtigung Ihrer Angaben entschieden, ob das Verfahren eingestellt oder ohne weitere Äußerung der Verwaltungsbehörde ein Bußgeldbescheid erlassen wird.

Wenn Sie die Ordnungswidrigkeit nicht begangen haben, teilen Sie bitte **innerhalb einer Woche** (ab Zugang des Schreibens) neben Ihren Personalien unter den Angaben zur Sache auch die Personalien des Verantwortlichen mit. In diesem Falle haben Sie die Stellung eines Zeugen und sind zur Aussage **verpflichtet.** Als Zeuge können Sie die Aussage nach §§ 52, 55 der Strafprozeßordnung (StPO) nur dann verweigern, wenn es sich bei dem Betroffenen um einen Angehörigen im Sinne des § 52 StPO handelt (z. B. Ehegatte, Eltern, Kinder, Verlobter).

Falls nicht festgestellt werden kann, wer zur Tatzeit Ihr Fahrzeug geführt hat, kann Ihnen als Halter des Kraftfahrzeugs gem. § 31 a der Straßenverkehrs-Zulassungs-Ordnung auch die Führung eines Fahrtenbuches auferlegt werden.

Ü2

Schreiben Sie die Passivformen aus dem Verwarnungsschreiben in Aktivformen um.
Dazu müssen Sie oft den ganzen Satz neu formulieren.

6 Verben: doppeldeutige Formen

Einige Verben haben zwei oder mehr sehr unterschiedliche Bedeutungen, aber im Infinitiv (Grundform) und im Präsens (Zeitformen der Gegenwart) nur eine Form, in anderen Tempora dagegen für jede Bedeutung eigene Formen, nämlich entweder regelmäßig oder unregelmäßig gebeugte.

Beispiel: schaffen

Präsens: Ich schaffe meine Arbeit/ein Kunstwerk.

Präteritum: Ich schaffte meine Arbeit. Ich schuf ein Kunstwerk.

Ü1

Finden Sie die Bedeutungsunterschiede heraus und setzen Sie die jeweils zu einer Bedeutung passende Verbform ein:

schaffen:
1. Ich habe es gerade noch .... !
2. Die Arbeit hat mich .... !
3. Vor fünf Jahren .... er sein Erstlingswerk.
4. Die Welt wurde ....

senden:
5. Der Rundfunk .... Musik und Nachrichten.
6. Gestern .... ich ein Paket an dich.
7. Der Bericht wurde gestern vom Fernsehen ....
8. Der Botschafter hat ihn .... ; er ist ein
9. Ges ....

scheren:
10. Er .... sich einen Dreck um alles.
11. Der Hirte .... seine Schafe vor einer Woche.
12. Plötzlich .... das Auto aus.

bewegen:
13. Diese Nachricht .... letztes Jahr die Welt.
14. Ich habe ihn ...., endlich zu zahlen.
15. Er hat eine .... Vergangenheit hinter sich.
16. .... Geschichten verkaufen sich immer gut.

Finden Sie weitere Verben dieser Art (z. B. wiegen, schleifen) und schreiben Sie dazu sinnvolle Beispielsätze wie oben (→ Anhang, S. 87-91).

Artikel: mit oder ohne? bestimmt oder unbestimmt? 7

"Es gibt Zeiten, da fühle ich mich <u>als Frau</u> ganz gut. Und dann gibt es wieder Momente, da möchte ich alles andere als <u>eine Frau</u> sein. - Ich weiß nicht, ob ich <u>die</u> einzige <u>Frau</u> bin, der es so geht. ..."

Im Eheanbahnungsinstitut

Ja, Sportler mag ich! Ich bin ja selbst Sportlerin...

Einen Boxer? Nein, ... eigentlich nicht. Hätten Sie nicht einen...

Ja, <u>den</u> mag ich. <u>Den</u> Mann möchte ich kennenlernen!

Ü1

Schreiben Sie fertig, was Fräulein Locke noch sagt. Achten Sie auf Artikel.

Ü2

Probieren Sie aus, ob sich das Beratungsgespräch verändert, wenn die Substantive ohne oder mit bestimmten/unbestimmten Artikeln verwendet werden. Welche Aussageunterschiede ergeben sich dabei? Sehen Sie dazu auch S. 73 im Anhang durch.

Ü3

1. Bilden Sie Sätze im Singular und Plural mit und ohne Artikel:

Boxer heiraten	Tennisspieler mögen	Sportler kennen
Eis lieben	Muskeln trainieren	Geschenk kaufen
Arbeit erledigen	Geld sparen	Heirat planen

2. Sind alle Sätze im Singular und Plural möglich? Wenn ja, welche Unterschiede gibt es zwischen Singular- und Pluralsätzen?

Die drei Sätze von S. 19 oben haben unterschiedliche Aussageabsichten:

1. Es gibt Zeiten, da fühle ich mich ALS FRAU ganz gut.	OHNE ARTIKEL = Angabe der Zugehörigkeit zu einer Gruppe, Gattung, Art oder Menge
2. Und dann gibt es wieder Momente, da möchte ich alles andere als EINE FRAU sein.	UNBESTIMMTER ARTIKEL = Angabe eines unbestimmten oder beliebigen einzelnen aus einer Gruppe oder Gattung
3. Ich weiß nicht, ob ich DIE einzige FRAU bin, der es so geht.	BESTIMMTER ARTIKEL = Angabe eines bestimmten oder bekannten einzelnen aus einer Gruppe oder Gattung.

Ü4

Füllen Sie die Lücken im folgenden Text aus und entscheiden Sie dabei: ohne oder mit bestimmtem/unbestimmtem Artikel? Es gibt oft mehr als eine Möglichkeit!

Jeder Mensch hat ______ Recht auf ______ Leben, ______ Freiheit und ______ Sicherheit der Person. ______ Heiratsfähige ______ Männer und ______ Frauen haben ohne ______ Beschränkung durch ______ Rasse, ______ Staatsbürgerschaft oder ______ Religion das Recht, ______ Ehe zu schließen und ______ Familie zu gründen. Sie haben bei ______ Eheschließung, während ______ Ehe und bei deren Auflösung ______ gleiche Rechte. Mutter und ______ Kind haben ______ Anspruch auf ______ besondere Hilfe und ______ Unterstützung. Alle Kinder, eheliche und uneheliche, genießen ______ gleichen sozialen Schutz.

(Aus der *"Allgemeinen Deklaration der Menschenrechte"* der UNO-Generalversammlung, 10. 12. 1948)

Substantive: mehrere Bedeutungen 8

KENNEN SIE SICH NOCH AUS?

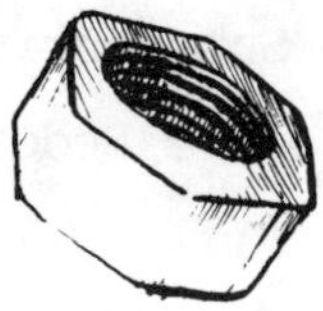

Der Dorn im Auge ist nicht immer eine technische Angelegenheit.

Wer eine Mutter hat, muß noch lange nicht mit ihr verwandt sein.

Hut ist nicht immer eine Kopfbedeckung.

Ein Schild kann Schutz und Information bieten.

Mark und Bein gehören nicht immer zusammen.

Ein Strauß sollte nicht unbedingt in die Vase gestellt werden.

Viele Wörter ergeben noch lange nicht große Worte.

Warum in die Röhre gucken, sieh, das Rohr ist doch so nah'.

Aus manchem See fließt Wasser in die See.

Eine Bank ist nicht immer ein Geldinstitut.

Mit einem Bogen kommt man nicht immer um die Kurve.

Als Leiter ohne Sproß soll man Leitern ohne Sprossen meiden.

Ü1

Schreiben Sie diese Substantive in Singular und Plural mit den richtigen Artikeln auf und erklären Sie die Bedeutungsunterschiede.

SINGULAR	PLURAL	BEDEUTUNG
die Mutter	die Mütter	Elternteil
die Mutter	die Muttern	Gegenstück zur Schraube
die Bank	die ________	Sitzgelegenheit
die Bank	____________	____________

Ü2

Bilden Sie mit diesen Substantiven vollständige Sätze, die eindeutig den Wortsinn klarmachen, z. B.:

Mutter: Diese Mutter hat zwei Kinder. / Zwei Muttern müssen noch festgezogen werden.

____

____

____

____

____

____

____

____

____

____

____

____

____

Ü3

Finden Sie weitere Substantive mit mehreren Bedeutungen. Schreiben Sie knifflige Sätze dazu und lassen Sie Ihre Partner raten.

Substantive: grammatisches/natürliches Geschlecht 9

Ü1

Beschreiben Sie, was auf dem Bild passiert.

Am vordersten Tisch sitzt

Ü2

Schreiben Sie jetzt Ihre Beschreibung aus Ü1 um, indem Sie für möglichst viele Substantive Verkleinerungsformen einsetzen.

Beispiele:
Frau - Fräulein
Großmutter - Großmütterchen
Knabe - Knäblein

Ü3

Welche Wörter außer den Substantiven haben sich noch geändert?
- Unterstreichen Sie sie.
- Welche Wortarten sind das?

Alle Substantive haben ein "grammatisches Geschlecht", auch wenn die durch sie benannten Gegenstände kein "natürliches Geschlecht" haben: die Oma = sie, der Mantel = er. Durch Anhängen der Verkleinerungssilben -chen bzw. -lein bekommen alle Substantive und die sie begleitenden Artikel und Pronomen (Fürworter) neutrales grammatisches Geschlecht: das Omilein = es, das Mäntelchen = es.

Bezeichnung der 3 grammatischen Geschlechter:
Maskulin: der Mantel / Feminin: die Tasse / Neutrum: das Kind.

Ü4

Unterscheiden Sie in Ihren beiden Texten (Ü1 und Ü2) die Substantive nach grammatischem und natürlichem Geschlecht. Beispiel:

Wort:	Grammatisches Geschlecht:	Natürliches Geschlecht:
das Fräulein	Neutrum	weiblich

Ü5

Ersetzen Sie die in Ihren Texten Ü1 und Ü2 vorkommenden Substantive durch die passenden Personalpronomen (persönliche Fürwörter).

Beispiel: die Puppe = sie, das Püppchen = es.

Ü6

Wie sieht ein "Schreiber" Personen und Gegenstände, wenn er

1. - unveränderte Substantive, Artikel und Pronomen wie in Ü1 benutzt?

   - Verkleinerungsformen und neutrale Artikel/Pronomen wie in Ü2 verwendet?

2. Welcher der beiden Texte gefällt Ihnen besser? Warum?

3. Finden Sie Substantive, die Sie nur ungern oder nie in der Verkleinerungsform benutzen würden.

S1

Lesen Sie die folgende Fußball-Reportage durch und

1. verbessern Sie, wo Pronomen mit falschem grammatischen Geschlecht verwendet sind;
2. setzen Sie Substantive in die Normal- oder Verkleinerungsform, wo das Ihrer Meinung nach dem Zusammenhang besser entspricht.

"... Die Zuschauer blicken gespannt auf das Türchen, durch die nun endlich die Spieler auf den Platz laufen. Vorn auf der Tribüne sitzt ein Fräulein, das mit ihrem Tüchlein winkt und dauernd ruft: 'Wölfchen, hallo Wölfchen!' Mützen fliegen munter durch das laue Lüftchen, und zaghaft wird hier und da ein Fähnchen geschwenkt. Der Schiedsrichter pfeift das Spiel an - und sofort stürmt der Linksaußen, dieses ausgekochte Früchtchen, mit dem Bällchen, welcher schwarzweiß ist, auf das gegnerische Tor zu. Spannung! Stimmung! Schuß! ... Nein, das war nur ein Schüßchen - so einer kann ja kaum das Tor erreichen! Gut trainierte Beinchen wirbeln, schlagen Häkchen, trippeln am Gegner vorbei und zertreten hier und da ein Gänseblümchen, welche sich zwischen den Grashalmen versteckt hat. Das ist ein Spielchen! Der gefeierte Trainer beißt genüßlich in ein Würstchen, die noch dampft, und beachtet das kleine Mädchen nicht, die neben ihm schüchtern ihren Platz einnimmt und ein Autogramm von ihm möchte. Schnell noch ein Schlückchen - dies erfrischt so herrlich -, und ab in die Halbzeit! Ein Päuschen haben sich aber nun wirklich alle verdient: die Aktiven auf dem Spielfeld und die Männlein, Weiblein und Fans auf den Rängen ..."

10 Adjektive und Zahladjektive: Beugung

Frau Ilse rät:

Herr F. R., Essen:

Liebe Frau Ilse,

als Junggeselle und sehr sparsamer Mensch wende ich mich mit der herzlichen Bitte an Sie, mir bei der Planung meiner bevorstehenden Geburtstagsfeier zu helfen. Von meinen zu vielen Bekannten möchte ich recht wenige bei mir sehen, weil mit der Gästezahl auch die nötigen Bewirtungskosten steigen.
Ich brauche deshalb dringend Ihren Rat, wie ich meinen Geburtstag möglichst kostengünstig gestalten kann.

Mit freundlichen Grüßen, Ihr F. R.

Frau Ilse:

Für diese *eine* Geburtstagsfeier und einige ähnliche Anlässe empfehle ich Ihnen mein neuestes Rezept:

1. Verschicken Sie zunächst sehr unhöfliche Einladungen an die empfindsamsten unter Ihren Bekannten.
2. Zu den wichtigsten sonstigen Vorbereitungen gehören:
   - Verbogenes altes Besteck ausmotten!
   - Wein warmstellen!
   - Fenster geschlossen halten!
   - Volle Aschenbecher zwanglos im Zimmer verteilen!
   - Nur für jeden zweiten Gast sollte eine unbequeme Sitzgelegenheit vorhanden sein!

Um das leibliche Wohl Ihrer Gäste brauchen Sie sich dann sicher nicht mehr zu sorgen. Auch wenn Sie nur jeden dritten meiner Ratschläge befolgen, werden Sie mit geradezu 100%iger Sicherheit nicht erleben: viel Spaß und gute Laune sowie heitere Stunden!

Ihre Frau Ilse

Ü1

Unterstreichen Sie in beiden Briefen die Adjektive.

Adjektive (Eigenschaftswörter) geben Auskunft über die Beschaffenheit (Qualität) oder die Menge (Quantität) von Sachen und Personen.
Diese Aussage können Sie durch "Erfragen" anhand der zwei Briefe oben überprüfen.

Beispiel: Für diese eine Geburtstagsfeier ... empfehle ich Ihnen mein neuestes Rezept.

	Quantität: Zahladjektive	Qualität: Adjektive
Was wird gesagt über ...	Wieviel? Wie viele?	Wie ist? Wie sind?
... die Geburtstagsfeier?	eine	
... das Rezept?		neuestes

Ü2

Sortieren Sie die Adjektive in beiden Briefen nach Quantität/Qualität.

Ü3

Setzen Sie die passenden Endungen in die Lücken. Sehen Sie sich die Listen im Anhang (S. 73-75) an.

Sehr geehrte Damen und Herren,

Immobilienkauf ist ein___ rein___ Vertrauenssache. Uns___ alt___ Name bürgt seit viel___ Jahr___ für individuell___ Beratung und persönlich___ Betreuung. Mit uns___ reibungslos___ Abwicklung und ein___ seriös___ Finanzierung gehören wir zu der führend___ Gruppe der Maklerbranche in viel___ Städt___. Die unzählig___ Dankschreib___ zufried___ Kunde___ bestätigen nur die korrekt___ Bearbeitung und die fair___ Erledigung von nicht immer leicht___ Kauf- und Verkaufsaufträge___. Voll___ Zufriedenheit unser___ langjährig___ Kundenstamm___ ist kein___ schwer___ Bürde, sondern verpflichtet uns immer wieder zu de___ höchst___ Anstrengungen bei der Lösung von groß___ Problemen und schwierig___ Sachlage___.

Ü4

Setzen Sie vor Adjektiv/Substantiv-Gruppen aus Ü3 wahlweise a) Demonstrativpronomen, b) unbestimmte Pronomen, c) Relativpronomen, d) Possessivpronomen, d) Fragepronomen. (Lesen Sie dazu im Anhang S. 73-75 durch.)

Ü5

Setzen Sie Adjektive Ihrer Wahl vor alle Substantive des folgenden Texts, vermeiden Sie dabei aber "gut", "schön", "interessant".

In einer ________________ Sommernacht, als ich es vor ________________ Unruhe und ________________ Schwüle nicht mehr in meinem ________________ Hotelzimmer aushielt, stahl ich mich kurzerhand (und vom Hotelpersonal unbemerkt) über die ________________ Terrasse in den ________________ Wald. Nur in einen Bademantel gewickelt lief ich barfuß den ________________ Weg zum ________________ Fluß hinunter. An ________________ Tagen hatte ich mich schon oft hier - vor der ________________ Sonnenglut flüchtend - mit ________________ Wohlbehagen in das ________________ Wasser gestürzt. In dieser ________________ Nacht jedoch tanzten die Wellen auf eine ganz ________________ Art um meine Knöchel, rieselten fast lautlos durch meine ________________ Hände und gaben mir das ________________ Gefühl, einen ________________, aber ________________ Augenblick lang eins mit der ________________ Natur zu sein.

11 Adjektive: Steigerung, Vergleich

a) "fremd, fremder, fremdest-"

Ü1

Was haben Sie gesehen? Diskutieren Sie!

30.2., 12.00 Uhr mittags

Heute landete ein Ufo mitten in unserer Stadt! Das fremde blaue Raumschiff wird zur Stunde von zahlreichen Neugierigen bestaunt. Der einzige Passagier des unbekannten Flugobjekts verschwand nach der leichten, gekonnten Landung in der aufgeregten Menge - schneller als der Blitz! Während die Sonne immer höher stieg, wurde es auf dem Platz enger und enger. Je näher die Menschen dem Ufo rückten, desto aufregender wurde die ungewisse Frage: Wohin verschwand das winzige außerirdische Wesen? ...

Ü2

Die Beschreibungen vermitteln einen widersprüchlichen, aber sehr plastischen Eindruck von diesem fremden Besucher:

Beschreiben Sie selbst den unbekannten Besucher.

Ü3

Ordnen Sie die auf Seite 28 und 29 vorkommenden Adjektivformen jeweils einem dieser Bilder zu:

POSITIV (Grundform)	KOMPARATIV (1. Steigerungsform)	SUPERLATIV (2. Steigerungsform)
unbekanntes	schneller	atemberaubendste

Ü4

In den vorausgegangenen Texten und Übungen gibt es einige Adjektive, die nicht gesteigert werden sollten oder können. Schreiben Sie diese heraus und versuchen Sie, die Bedeutung dieser Wörter auf andere Weise zu steigern:

blau	sehr blau, total blau	tiefblau, himmelblau
außerirdisch		

Ü5

Welche Adjektive sind überhaupt nicht steigerbar?

b) "schneller als/so schnell wie"

Reporter Wallera:
Herzlichen Glückwunsch zu Ihrem hervorragenden Lauf! Wie fühlt man sich als schnellster unter diesen Weltklassesportlern?

Läufer Harry Hurtig:
... keuch ... Gut, aber die 100 m sind doch länger gewesen als im Training ... keuch ... aber ich habe durchgehalten ...

Reporter Wallera:
... und sogar als Erster. Leider hat Ihr Freund hier ja erst als Achter die Ziellinie erreicht - er hat nicht so viel erreicht wie Sie ... Sie haben gewonnen!

Läufer Sigi Busch:
Ja, der Harry war schneller als ich - schnauf - aber ich habe mitgehalten. Als Sportskamerad macht man das - wir sind da immer wie richtige Brüder!

Reporter Wallera:
Aber Harry Hurtig hat doch gewonnen!!

Läufer Harry Hurtig:
Gewonnen? Wieso habe ich gewonnen? Sigi hat genauso gewonnen wie ich: Er ist genauso weit gelaufen wie ich! Ich war bloß eher im Ziel als er ... Strecke ist Strecke!

Reporter Wallera:
Wie? Ich verstehe nichts mehr ... Vielen Dank für Ihre ... Himmel, das ist ja als wie wenn ...!

ALS dient dazu, unausgewogene Verhältnisse deutlich zu machen. Das Adjektiv steht bei unausgeglichenen Verhältnissen im Komparativ:

Harry war schneller als ich.

WIE - immer in Verbindung mit so - verdeutlicht die Ausgewogenheit, d. h., hier wird ein völlig ausgeglichenes Verhältnis ausgedrückt. Das Adjektiv steht dabei immer im Positiv:

Sigi ist genauso weit gelaufen wie ich.

Ü1

Unterstreichen Sie im Text weitere ausgeglichene/unausgeglichene Verhältnisse und schreiben Sie diese Textstellen heraus:

______________________ ______________________

______________________ ______________________

______________________ ______________________

______________________ ______________________

Ü2

Geben Sie jeweils das andere (ausgeglichene oder unausgeglichene) Verhältnis an.

Beispiel: stark wie ein Bär - stärker als ein Bär

härter als Kruppstahl - ______________________

älter als Methusalem - ______________________

so arm wie eine Kirchenmaus - ______________________

schlimmer als Heimweh - ______________________

so dumm wie Bohnenstroh - ______________________

reicher als Krösus - ______________________

so heiß wie die Hölle - ______________________

S1

Setzen Sie ein: als, wie, so und Endungen.

1. Berlin ist größer ______ Posemuckel.
2. Posemuckel ist nicht ______ groß ______ Berlin.
3. Posemuckel ist klein______ ______ Berlin.
4. Posemuckel hat genau ______ Berlin einen Bürgermeister.
5. Die Nordsee ist salzig______ ______ die Ostsee.
6. Die Ostsee ist nicht ______ salzig ______ die Nordsee.
7. Die Ostsee ist weniger salzig ______ die Nordsee.
8. Die Ostsee hat ______ die Nordsee einen hohen Salzgehalt.

S2

Täglich kann man in der Werbung Slogans mit ausgeglichenen oder unausgeglichenen Vergleichen lesen wie diese. Finden Sie selbst in Zeitungen, Illustrierten usw. mehr davon und schreiben Sie die Slogans hier dazu.

Nie war er so wertvoll wie heute

Die machen es weicher und schonender, aber auch sicherer und sparsamer als anderes Papier von der Rolle.

„Ein Auto ist so gut wie sein Service"

Leicht schmeckt besser.

.... weniger eine Frage der Weltanschauung als eine Frage des persönlichen Geschmacks

Erfinden Sie selbst "vergleichende Werbung"!

Ü3

Diskutieren Sie über diese beiden Bilder:

Beim Vergleichen beider Bilder könnten Sie u. a. folgende Adjektive verwenden: friedlich, erregt, ruhig, finster, geheimnisvoll, bedrohlich, düster, traurig, verzweifelt, verbittert, versteinert, entschlossen, grimmig, angespannt, kantig, knochig, aufmerksam, konzentriert, fruchtbar, karg, abgearbeitet.

12 Adverbien (Umstandswörter)

„Morgens stand er bisweilen ungern auf.
Lieber lag er noch eine Zeitlang im Bett, lauschte völlig entspannt dem Zwitschern der Vögel und ließ sich davon verzaubern. Diese munteren Tiere hüpften hierhin und dahin auf dem Baume, der genau vor dem Fenster stand, waren mal oben und mal unten. Sogar ziemlich dreist kamen sie ihm mitunter vor, wenn sie manchmal lange auf dem Sims draußen saßen und absolut keine Notiz von ihm nahmen. Gern hätte er ihnen länger zugehört, aber wie gewöhnlich gab er sich endlich einen Ruck – gähnte plötzlich besonders tief – und schlief seelenruhig wieder ein."

Adverbien geben uns Antwort auf die Fragen:		Beispiele:
1. Wo – woher – wohin?	(Ort)	hierhin, dahin
2. Wann – seit wann – wie lange – wie oft – bis wann?	(Zeit)	morgens, bisweilen
3. wie – wie sehr?	(Art und Weise)	lieber, ungern
4. warum – weshalb – wieso – weswegen – wodurch – wovon?	(Grund)	darum, deshalb, dadurch, davon

Ü1

Ordnen Sie die Adverbien des Textes von Seite 34 den 4 Gruppen zu:

1. Ort	2. Zeit	3. Art und Weise	4. Grund

Ü2

Suchen Sie für die im Text verwendeten Adverbien Synonyme (Wörter mit gleicher oder sehr ähnlicher Bedeutung) und setzen Sie diese in den Text ein. Prüfen Sie, ob das neue Wort jeweils genauso gut in den Zusammenhang paßt.
Beispiel: "Morgens ..." - "Am Morgen ... "

________ stand er ________ ungern auf. ________ lag er ________ eine Zeitlang im Bett, lauschte ________ entspannt dem Zwitschern der Vögel und ließ sich ________ verzaubern. Diese munteren Tiere hüpften ________ und ________ auf dem Baume, der ________ vor dem Fenster stand, waren ________ oben und mal ________ . ________ ________ dreist kamen sie ihm ________ vor, wenn sie ________ ________ lange auf dem Sims ________ saßen und ________ keine Notiz von ihm nahmen. ________ hätte er ihnen ________ zugehört, aber wie ________ gab er sich ________ einen Ruck - gähnte ________ ________ ________ tief - und schlief ________ ________ ein.

13 Präpositionen und Fälle

→ Anhang, S. 76

Verkäufer: Guten Tag! Schauen Sie sich in Ruhe um - ich helfe Ihnen selbstverständlich weiter, wenn Sie das möchten?!

Kunde: Nun ..., ich dachte ..., äh, eigentlich wollte ich nur ...

Verkäufer: Sicher, selbstverständlich haben wir das auch. Wie soll er denn im Farbton sein?

Kunde: Tja, ich weiß nicht ... Wenn Sie mir den zwischen den Regalen dort hinten zeigen könnten?

Verkäufer: Wo dort hinten? Dachten Sie mehr an den über oder unter den Fußballern?

Kunde: Doch, auch ... Nein, eigentlich ist der mit dem Gewehr in der Hand geeigneter als der ohne Hose. Ob der zu meinen Rosen paßt?

Verkäufer: Rosen?! Zu Rosen - ich bitte Sie! In erster Linie kommt es auf die Gestaltung Ihres Gartens an - Sie verstehen ...

Kunde: Schon, ja ... nur eigentlich bin ich mehr für Zivilisten ...

Ü1

Schreiben Sie eine Liste aller im Text vorkommenden Präpositionen auf und setzen Sie jeweils dahinter, welcher Fall (Kasus) folgt.

Beispiel:

mit	Dativ (3. Fall)	anstatt	Genitiv (2. Fall)

Um Verhältnisse besser und genauer darzustellen, verwenden wir Präpositionen, d. h. Verhältniswörter. Sie geben Auskunft über Abhängigkeiten zwischen Personen, Sachen und Geschehnissen. Problematisch ist es in vielen Fällen jedoch, zu einer Präposition (ob beim Substantiv oder beim Verb stehend) den richtigen Fall (Kasus) zu finden.

Ü2

Schreiben Sie das Gartenzwerg-Gespräch fertig und spielen Sie es dann.

Ü3

Sie sind nun Verkäufer; beschreiben Sie einem Kunden, der sich im Gartenzwergladen absolut nicht auskennt, die Standorte der abgebildeten Gartenzwerge ganz genau. Benutzen Sie dazu Präpositionen und bestimmte Artikel. Sehen Sie sich vorher die Liste auf S. 76 im Anhang an.

Ü4

Schreiben Sie den folgenden Text fertig, indem Sie die Wörter in Klammern mit den richtigen Endungen versehen:

Nach (die lange Fahrt) in (der verdiente Urlaub) und während (Ihr Aufenthalt) inmitten (eine fremde Umgebung) sollten Sie abseits (der übliche Touristenrummel) um (Ihre Gesundheit) willen der Ruhe pflegen. Erkunden Sie mittels (ein genauer Plan) die Gegend: Binnen (wenige Tage) werden Sie sich dank (Ihre Entdeckungsfreude) ohne (der eintönige Hotelalltag) und unter Verzicht auf (ein festgelegtes Kontaktprogramm) einfach, aber mit (großer Erfolg) erholen.

S1

Sehen Sie zunächst die Liste auf S. 76 im Anhang durch und schreiben Sie dann zwei Listen von Sätzen, in denen einmal Präposition + bestimmter Artikel und dann eine "Verschmelzung" von beiden verwendet wird.

Beispiel: durch das = durchs; zu der = zur

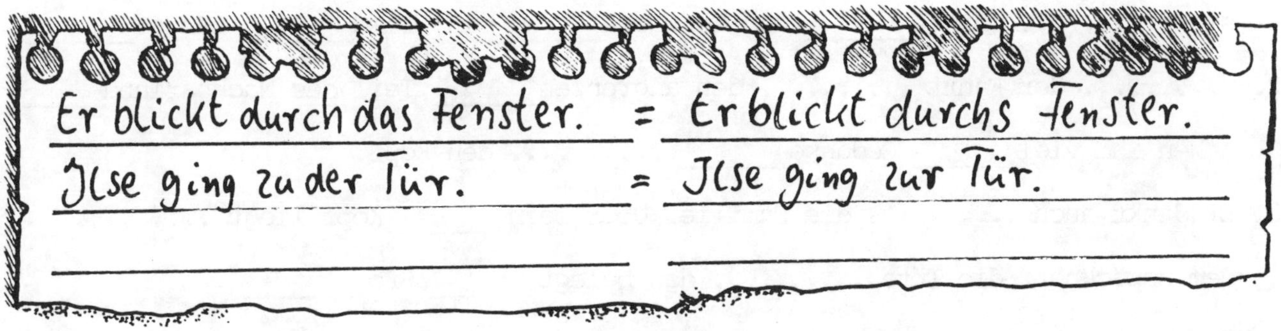

Welcher der zwei Sätze gefällt Ihnen jeweils besser? Warum?

S2

Kontrollübung:

Der Kunde tritt _______ Geschäft. Jetzt ist ihm nicht mehr _______ Lachen. Der Verkäufer geht _______ Kunden zu. Er blickt ihm _______ Gesicht. Jetzt geht es _______ Ganze. Der Kunde will _______ Geld auch Qualität. Erst geht er _______ Regal, dann wendet er sich _______ Tür und grüßt _______ Hinausgehen.

S3

Schreiben Sie ein Gespräch oder eine Beschreibung zu diesem Bild und verwenden Sie die Verschmelzungen: hinterm, unterm, vorm, beim, zum, zur, durchs, ins, aufs, fürs.

S4

Testen Sie, wie sicher Sie jetzt sind: Es fehlen Endungen ______ und passende Präpositionen ....

1. Während sein______ häufig______ Auslandsreise______ wundert der Reisende sich .... Sitte______ und Gebräuch______ in fremd______ Länder______.
2. .... der Fahrt .... den angrenzen______ Teil des Nachbarland______ gehen ihm viel______ Gedanke______ .... den Kopf.
3. Er denkt auch .... die Familie. Über sein______ Kopf liegt .... dem Gepäcknetz die Tüte .... den belegt______ Brot______ .
4. Seine Füße legt er .... die Bank und sieht .... Fenster.
5. Der Mantel hängt .... der Tür und verdeckt die Sicht .... den Gang.
6. Die Notbremse befindet sich .... der Tür und der Schalter .... das Licht .... dem recht______ Fensterplatz.

7. Der Zugkontrolleur kommt .... den Gang und läßt sich die viel______ einzel______ Fahrkarten zeigen.
8. Dabei denkt er .... seine nächste Pause und gibt ein ______ lächelnd______ Reisend______ die erbeten______ Auskunft .... die Ankunftszeit.
9. Der Schaffner ist froh .... jed______ Abwechslung und stolz .... sein______ Dienstjahre; nur manchmal ist er verbittert .... der Arbeitszeit______ .
10. Besonders neugierig ist er immer .... ein______ neu______ Fahrtroute.
11. Er lernt dann Unbekannt______ und Fremd______ kennen und viel______ schwierig______ Städtenamen auswendig.
12. Häufig schreibt er .... sein______ altmodisch______ Füller die wichtig______ Besonderheiten der Strecke auf und schickt sein______ Frau und sein______ klein______ Kinder______ Grüße.
13. Egal, ob er .... Dienst oder .... Hause ist: Er träumt .... dem Tag, ... dem er .... seiner Familie .... Urlaub geht.

Interjektionen/Konjunktionen: kleine Wörter, aber oho!

14

Ü1

Wer sagt und tut was? In welcher Reihenfolge? Bringen Sie die Handlungen, Geräusche, Sätze in einen sinnvollen Handlungs- und Gesprächsablauf.

a) Interjektionen sind Ausrufewörter, mit denen wir Empfindungen und Zurufe ausdrücken sowie Klänge/Geräusche nachahmen.

Ü2

Sammeln Sie Interjektionen und sortieren Sie diese ein:

S1

Sammeln Sie bildliche Zeichen, die anstelle von Interjektionen häufig in Comics, Witzen usw. verwendet werden, und schreiben Sie passende Interjektionen dazu.

Eine geräuschvolle Geschichte

TAPP, TAPP

1. Teil

KNARRRZ

QUIIIIETSCH

2. Teil

POLTER

SCHLUCK

Raschel

3. Teil

Klirr

Oh.....

Klatsch

PENG

Uff!!

SSSSS

Ü3

Schreiben Sie diese Geschichte! Lassen Sie kein Geräusch aus!

b) Konjunktionen stellen Verbindungen zwischen Wörtern, Satzteilen und Sätzen her: deshalb heißen sie auch "Bindewörter".

Wir unterscheiden unter- und nebenordnende (subordinierende/koordinierende) Konjunktionen:

Beispiele für

subordinierende Konjunktionen:	koordinierende Konjunktionen:
da, als, daß, so daß, bis, wenn, wie, ob, obwohl, während, nachdem, ehe, seit, seitdem, weil, damit ...	und, denn, aber, doch, oder, daher, deshalb, also, so, sowie, außerdem, sowohl ... als auch, weder ... noch, nicht nur ... sondern auch, je ... desto

Ü4

Bilden Sie Sätze mit sub- bzw. koordinierenden Konjunktionen. Üben Sie anhand von Gründen für und wider das Sparen.

Subordinierende Konjunktionen	Koordinierende Konjunktionen

Sparen bringt Zinsen und schafft Wohlstand

Seit ich spare, arbeitet mein Geld für mich.

Nicht nur ich arbeite, sondern auch mein Geld arbeitet.

Abtönungswörter

15

Diese Gruppe von Wörtern setzt sich aus bestimmten Adverbien, Konjunktionen und Interjektionen zusammen.

Sie tönen die Bedeutung von Sätzen ab, wirken verstärkend oder abschwächend und geben der gesamten Aussage jeweils eine andere gefühlsmäßige Richtung.

Beispiele:

Überlassen Sie doch uns das Geld.
Überlassen doch Sie uns das Geld.
Überlassen Sie uns doch das Geld.
Doch überlassen Sie uns das Geld.
Überlassen Sie uns das Geld doch.

Fassen Sie mich ja nicht an!
Fassen ja Sie mich nicht an!

Bleiben Sie bitte mal stehen!
Bleiben bitte Sie mal stehen!
Bitte bleiben Sie mal stehen!

Ü1

Variieren Sie die Bedeutung dieser Sätze durch Einsetzen und Umstellen der Abtönungswörter.

Setzen Sie sich!

Das schaffe ich.

Das weißt du.

Hören Sie her!

Es ist schön!

Ruf mich an!

Ich kenne es.

Er kauft es.

Ü2

1. Welches Abtönungswort haben Sie am häufigsten verwendet?
2. Haben Sie in einem Satz auch mehrere Abtönungswörter verwendet?
3. Welche Bedeutungsänderungen stellen Sie fest?

Eine überraschend langweilige Rede

Mitmenschen!

Mitbürger!

Die Erde gehört uns nicht; sie wurde uns anvertraut. Danken wir das in uns gesetzte Vertrauen? Statt die Natur zu beschützen, tun wir ihr Leid an. Wir walzen nieder, planieren und bauen Betonklötze, die wir Wohnung nennen. Wir sind stolz auf unser Tun. Von Eitelkeit besessen, zwingen wir einer natürlichen Landschaft unseren Willen auf. Die Resultate nennen wir: "Parks", "Grünanlagen", "Wohnzentren", "Naherholungsgebiete". Wir zerstören und schänden unsere Umwelt und geben Unsummen für Gartenschauen aus. Nur um zu beweisen, daß natürlich gewachsene Landschaft unserer Kreativität weichen muß, wenn wir es wünschen. Schauen Sie sich um! Auf den Gehwegen Abfälle, Fäkalien, Zigarettenkippen. Eine Kippe genügt, um 50 l Trinkwasser für uns ungenießbar zu machen. Bäume, Sträucher und Gras stinken nach Pflanzenschutzmitteln; die Luft verpesten wir mit Industrieabgasen, und mit all dem Lärm machen wir uns krank. Emsig richten wir uns selbst zugrunde und sehen das Ende nicht.

Nutzen Sie die restliche Zeit bis zum Untergang, tun Sie wieder Gutes! Helfen Sie mit Ihrer Geldspende Armen wie mir durch diese dunkle Zeit - ich werde auf Ihr Wohl trinken!

S1

Gestalten Sie diese Rede frischer, lebendiger und wirkungsvoller durch die Verwendung von Abtönungswörtern.

Ü3

Erfinden Sie eine Diskussion zwischen dem Seifenkistenredner und den Zuhörern und spielen Sie diese.

Sätze: Satzarten und Satzteile

16

a) Alle Sätze lassen sich 5 Gruppen zuordnen:

AUSSAGEsätze: Wir schwimmen.
Es ist heiß.
Die Sonne scheint.

FRAGEsätze: Schwimmen wir?
Ist es heiß?
Scheint die Sonne?

BEFEHLSsätze: Schwimmt!
Kühlt euch ab!
Cremt euch ein!

AUSRUFEsätze: Gut schwimmt sie!
Heiß ist es!
Grell scheint die Sonne!

WUNSCHsätze: Könnten wir doch schwimmen!
Wäre es doch heiß!
Schiene die Sonne doch wieder!

b) Jeder Satz (mit Ausnahme der Befehlssätze) besteht aus einem Satzgegenstand = SUBJEKT und einer Satzaussage = PRÄDIKAT.

Das Subjekt eines Satzes finden wir durch die Frage heraus: "Wer oder was tut/ist?" - Die Antwort, das SUBJEKT, steht immer im NOMINATIV (1. Fall).

Erfragen wir das Subjekt:

Wir schwimmen.	Wer oder was schwimmt?	Antwort: Wir
Es ist heiß.	Wer oder was ist heiß?	Antwort: ________
Die Sonne scheint.	Wer oder was ______?	Antwort: ________
Ute und ich schwimmen und lachen.	____________?	Antwort: ________

Das Prädikat eines Satzes finden wir als Antwort auf eine der Fragen: "Was tut (das Subjekt)?/Wie ist (das Subjekt)?/Was wird über (das Subjekt) gesagt?" Das PRÄDIKAT enthält immer mindestens ein VERB.

Erfragen wir das Prädikat:

Wir schwimmen.	Was tun wir?	Antwort: schwimmen
Es ist heiß.	Was wird über "es" ausgesagt?	Antwort: ist heiß
Die Sonne scheint.	Was tut die Sonne?	Antwort: scheint
Die Sonne ist ein Himmelskörper.	Was wird über die Sonne ausgesagt?	Antwort: ist ein Himmelskörper (Hilfsverb + Substantiv)

Sätze können auch mehrere Subjekte und Prädikate nebeneinander haben:

Susi und Max/Sie und er = 2 Subjekte
schwimmen und lachen ... = 2 Prädikate

Ü1

Bitte unterstreichen Sie in den folgenden Sätzen
das Subjekt mit: ______________ das Prädikat mit: ~~~~~~~~~~~~

1. Der Erwachsene muß arbeiten. 2. Kinder spielen und arbeiten. 3. Der Junge und das Mädchen laufen und springen. 4. Katzen und Hunde sind Haustiere. 5. Wasser ist naß. 6. Flüsse und Bäche fließen. 7. Meere und Tränen sind salzig. 8. Der Tag ist lang. 9. Wochen und Monate sind Zeiteinteilungen. 10. Die Zeit rennt. 11. Kleider und Schuhe sind neu. 12. Kleidungsstücke werden gewaschen und gebügelt. 13. Die Wäsche trocknet. 14. Ebbe und Flut kommen und gehen. 15. Der Tag beginnt, die Nacht schwindet. 16. Schreiben und Lesen sind Kulturtechniken. 17. Schlafen und Essen sind lebenswichtig.

S1

Schreiben Sie aus diesem Text die Subjekte und Prädikate heraus:

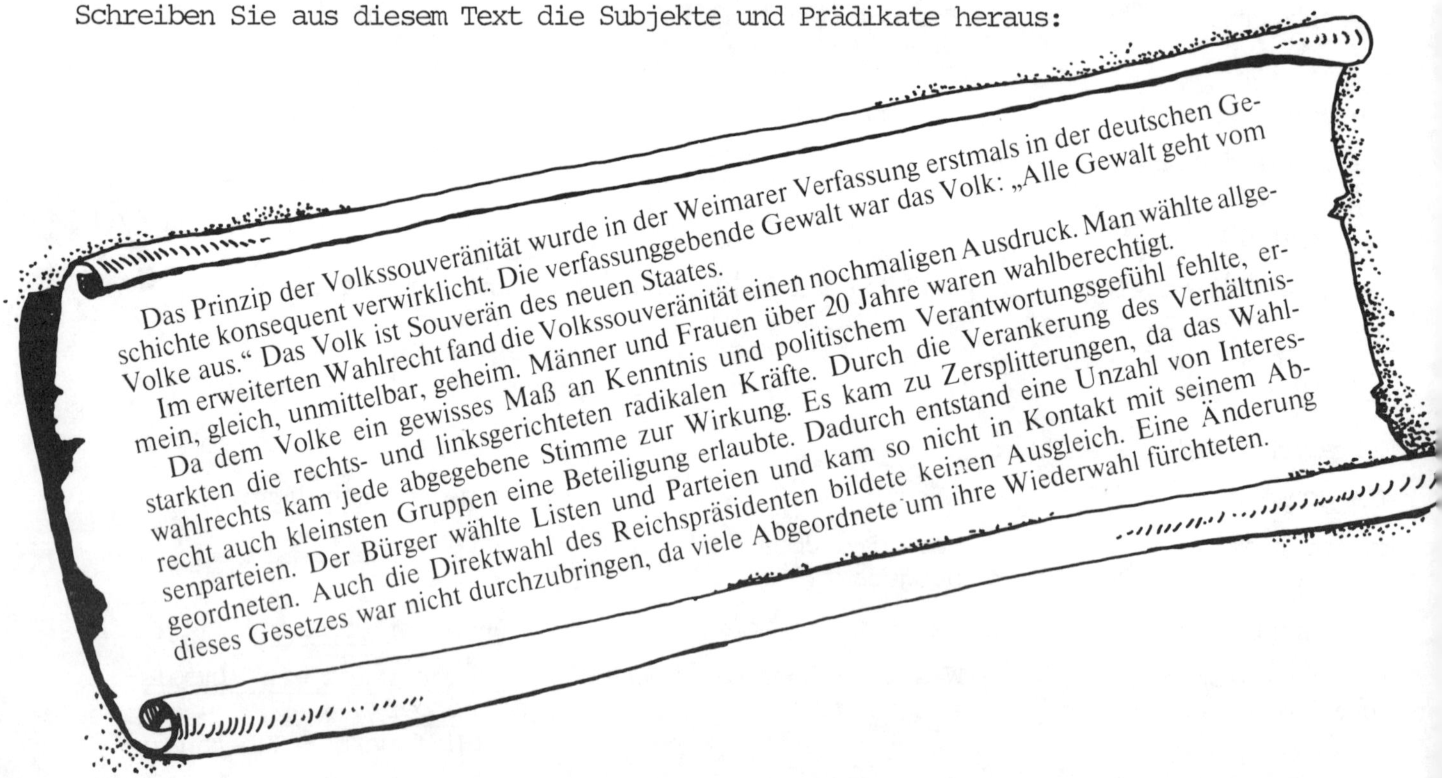
Das Prinzip der Volkssouveränität wurde in der Weimarer Verfassung erstmals in der deutschen Geschichte konsequent verwirklicht. Die verfassunggebende Gewalt war das Volk: „Alle Gewalt geht vom Volke aus." Das Volk ist Souverän des neuen Staates.

Im erweiterten Wahlrecht fand die Volkssouveränität einen nochmaligen Ausdruck. Man wählte allgemein, gleich, unmittelbar, geheim. Männer und Frauen über 20 Jahre waren wahlberechtigt.

Da dem Volke ein gewisses Maß an Kenntnis und politischem Verantwortungsgefühl fehlte, erstarkten die rechts- und linksgerichteten radikalen Kräfte. Durch die Verankerung des Verhältniswahlrechts kam jede abgegebene Stimme zur Wirkung. Es kam zu Zersplitterungen, da das Wahlrecht auch kleinsten Gruppen eine Beteiligung erlaubte. Dadurch entstand eine Unzahl von Interessenparteien. Der Bürger wählte Listen und Parteien und kam so nicht in Kontakt mit seinem Abgeordneten. Auch die Direktwahl des Reichspräsidenten bildete keinen Ausgleich. Eine Änderung dieses Gesetzes war nicht durchzubringen, da viele Abgeordnete um ihre Wiederwahl fürchteten.

Sätze und Ergänzungen

17

a) Attribute (Beifügungen)

Durch das Einfügen von Attributen (Beifügungen) können wir Substantive erweitern und genauer beschreiben.

Beispiele:	Frage:	Attribut als:
Der dicke Herr schwitzt.	Welcher Herr schwitzt?	dicke = Adjektiv
Der kleine Hund bellt.	Welcher Hund bellt?	kleine = Adjektiv
Der Herr hier schwitzt.	Welcher Herr schwitzt?	hier = Adverb
Der Hund dort bellt.	Welcher Hund bellt?	dort = Adverb
Der Herr im Taxi schwitzt.	Welcher Herr schwitzt?	im Taxi = Präposition mit Substantiv
Der Hund auf der Straße bellt.	Welcher Hund bellt?	auf der Straße = Präposition mit Substantiv
Der Herr des Hauses schwitzt.	Welcher Herr schwitzt?	des Hauses = Substantiv im Genitiv
Der Hund des Nachbarn bellt.	Welcher Hund bellt?	des Nachbarn = Substantiv im Genitiv
Der Herr, ein Stimmenimitator, bellt.	Was für ein Herr bellt?	ein Stimmenimitator = Apposition, Substantiv im gleichen Fall, zwischen Kommas
Der Hund als Haustier ist anhänglich.	Als was ist der Hund anhänglich?	als Haustier = Apposition, Substantiv im gleichen Fall mit "als"

Ü1

Erweitern Sie diesen Text mit den bekannten Attributarten:

a) + Adjektiv, b) + Adverb, c) + Präposition mit Substantiv, d) + Substantiv im Genitiv, e) + Substantiv im gleichen Fall / Apposition mit oder ohne "als"

"Eine Erholung ist das! Jedes Plätzchen ist schon ausgenutzt, dicht an dicht liegen die Menschen nebeneinander. Vom Strand ist nichts zu sehen; das Wasser ahnt man nur. Ein Mann ölt sich ein und bekleckert die Decke. Die Besitzerin schimpft verärgert über die Flecken. Ein junger Mann dreht das Radio an und wirbelt seine Freundin zu der Musik durch die Luft. Ein Baby fängt an zu schreien und will den Schnuller haben. Während die Dame genüßlich an der Zigarette zieht, hustet ihr Begleiter in die Hände. Ich gebe die Suche auf und trete den Rückzug an. Für diesen Tag habe ich genug vom Ausspannen."

b) Objekte (Satzergänzungen)

Durch das Einfügen von Objekten erweitern wir das Prädikat bzw. den Satz. Zielrichtung der Tätigkeit ist eine Person oder eine Sache.

Wir teilen diese Satzergänzungen ein:

- Objekt im Genitiv – Frage: "Wessen?"
- Objekt im Dativ – Frage: "Wem?"
- Objekt im Akkusativ – Frage: "Wen oder was?"
- Objekte, die aus Präposition und Substantiv bestehen, nennen wir präpositionale Objekte.

Ü1

Bestimmen Sie alle Objekte des folgenden Texts. Beispiele für das Erfragen der Objektarten:

- Der Fremde wurde des Pferdediebstahls verdächtigt.	Wessen wurde er verdächtigt?	des Pferdediebstahls (Genitivobjekt)
- Der Sheriff dachte an ein Steak.	Woran dachte der Sheriff?	an ein Steak (Präpositionales Objekt)

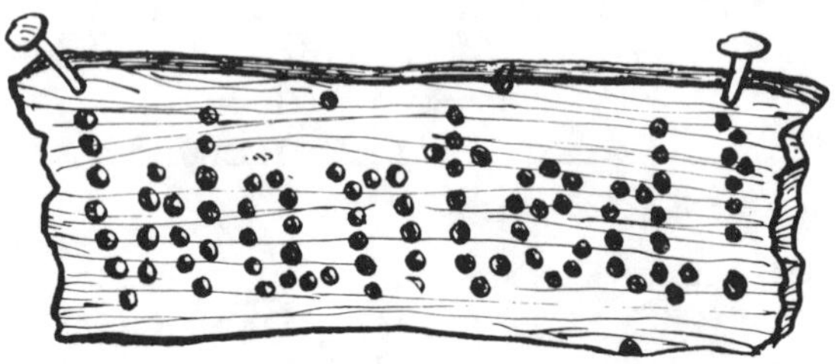

1. Der Fremde wurde des Pferdediebstahls verdächtigt und dem Sheriff vorgeführt.
2. Dieser las dem Fremdling die Leviten und verlangte eine Erklärung.
3. Der Sheriff bat die Zuschauer um Ruhe und begann mit dem Verhör.

4. Der Fremde erinnerte sich seines letzten Gefängnisaufenthalts und stand dem Sheriff Rede und Antwort.
5. Die Erklärungen des Fremden genügten dem Gesetzeshüter, und er ließ ihn nach dem Verhör ziehen.
6. Der Sheriff dachte nun an ein saftiges Steak mit Bratkartoffeln und Kaffee und ging zum Saloon.

Ü2

Schreiben Sie eine Western-Geschichte zu diesem Bild. Verwenden Sie möglichst viele Objekte.

c) Adverbialen (Umstandsbestimmungen)

Tresorknacker in Umständen

Während der letzten Wochen haben die Tresorknacker mit Fleiß in ihrer Werkstatt gearbeitet.
Seit gestern ist es jedoch erstaunlich ruhig in der Unterkunft.
Während der Nacht schleichen sie auf leisen Sohlen zur Bank. Ganz sicher gehen sie nicht zur Erholung dorthin!

Mit Schaufeln und Hacken graben sie in aller Eile einen Gang bis zur Safekammer.
Vor lauter Begeisterung lachen sie sich ins Fäustchen.

Bald schon haben sie trotz der Sicherungsanlage mehrere Male den Weg bis zum Lastauto mit Geldsäcken zurückgelegt.

Über zwei Stunden lang haben sie nun schon mit großem Eifer und eiserner Energie geschleppt.
Kein Geldsack sieht jedoch so verlockend aus wie der mit der roten Schnur!
Trotz ihrer zittrigen Beine wollen sie auch noch den letzten Sack

zum Abtransport hochhieven - da heult die Alarmsirene mit schrillem Ton zum Erschrecken los! Den Tresorknackern ist zum Türmen zumute.
Dabei kommt ihnen die Polizei zu Hilfe und bringt Tresorknacker samt Geldsäcken mit der grünen Minna zum Revier.

Bei weniger Habgier hätte alles bestens geklappt ...

Moral von der Geschicht:
Den letzten Sack klau niemals nicht!

Viele Sätze können wir über das Einfügen von Attributen und Objekten hinaus erweitern durch Hinzunahme von adverbialen Bestimmungen; diese sind wie die Objekte Prädikatsergänzungen.

Bei den adverbialen Bestimmungen unterscheiden wir:

- Umstandsbestimmung der Zeit (temporal)	Frage: wann? seit wann? wie lange?
- Umstandsbestimmung des Ortes (lokal)	Frage: wo? woher? wohin?
- Umstandsbestimmung der Art und Weise (modal) - Umstandsbestimmung des Vergleichs (komparativ)	Frage: wie? auf welche Weise?
- Umstandsbestimmung des Zweckes (final)	Frage: wozu? zu welchem Zweck?

- Umstandsbestimmung des Grundes (kausal)	Frage: warum? weshalb? wieso? weswegen?
- Umstandsbestimmung der Einräumung (konzessiv)	Frage: trotz wessen?
- Umstandsbestimmung der Folge (konsekutiv)	Frage: mit welcher Wirkung?
- Umstandsbestimmung der Bedingung (konditional)	Frage: unter welcher Voraussetzung? unter welcher Bedingung?
- Umstandsbestimmung der Menge, des Maßes, der Zahl (numeral)	Frage: wie häufig? wie oft? wie viele?
- Umstandsbestimmung des Mittels (instrumental)	Frage: womit? wodurch?

Ü1

Erkennen Sie die Adverbialen in der Tresorknackergeschichte auf Seite 52? Erfragen Sie die Arten von Umstandsbestimmungen anhand der Liste auf Seite 53.

S1

Zerlegen Sie nun die Sätze des ersten Absatzes dieses Texts (S. 52 oben links) weiter und schreiben Sie folgende Satzteile Satz für Satz heraus:

1. Subjekt(e), 2. Prädikat(e) 3. Objekt(e) 4. Attribut(e).

Ü2

Beschreiben Sie dieses Fußballereignis und geben Sie alle Umstände der Handlung genau an.

Haupt- und Nebensätze

18

In den Abschnitten 16-18 haben Sie die einfachen Sätze kennengelernt. Sie bestehen zumindest aus Subjekt und Prädikat und können durch Attribute, Objekte und Adverbialen erweitert werden.

a) Dabei haben wir erfahren, daß ein Hauptsatz k e i n e n Nebensatz braucht, um sinnvoll und vollständig zu sein.

b) Für einen Nebensatz jedoch sieht es ganz anders aus: Der Nebensatz b r a u c h t den Hauptsatz, um sinnvoll zu sein.

Beispiele: einfache Hauptsätze

Wir schwimmen.

Vor lauter Begeisterung lachen sie sich ins Fäustchen.

Das Pferd dort gehört uns.

Beispiele: Haupt- + Nebensatz

Wenn sie sich erholen wollen, fahren sie in Urlaub.

Das Pferd, das dort steht, ist nicht mein Pferd.

Die Polizei wartet, bis die Tresorknacker auftauchen.

Ü1

Unterringeln Sie in den folgenden Übungssätzen die Hauptsätze, unterstreichen Sie die Nebensätze.

1. Es gefällt mir nicht, daß ihr so spät kommt. 2. Ihr glaubt, daß sich das Wetter bessert. 3. Daß du im Lotto gewinnst, das glaube ich nicht! 4. Niemand hatte die Tresorknacker gehört. 5. Die Menschen staunten, die Nase in die Luft gereckt, über das UFO. 6. Obwohl es mir nicht paßt, erledige ich noch die Hausaufgaben. 7. Er hat keine Schuld an dem Unfall. 8. Sie bekam kein Bargeld, weil die Bank schon geschlossen war. 9. Es ist überhaupt keine Frage, was jetzt zu tun ist. 10. Wenn der Sohn Geld braucht, geht er zum Vater. 11. Sie lachen sich ins Fäustchen, weil sie so begeistert sind.

Ü2

Untersuchen Sie die Nebensätze aus Ü1: Wo stehen die Verbformen im Nebensatz? Wo steht die eine flektierte Verbform?

In Nebensätzen stehen in der Regel alle Verbformen am Satzende; die konjugierte (gebeugte) Verbform steht dabei ganz am Schluß. Ausnahmen: "Versteckte Nebensätze" (siehe Seite 59) und Nebensätze mit Modalverben (Sie erfuhr, daß sie die Prüfung hätte bestehen können.)
......

c) Satzverbindung und Satzgefüge

Beispiele für eine Satzverbindung, bestehend aus Hauptsatz und Hauptsatz:

Wir schwimmen, (und) die Sonne lacht.

Wir werden auch morgen hier sein, (denn) wir müssen die Ernte einbringen.

Satzverbindungen bestehen aus zwei oder mehr Hauptsätzen, die immer durch Kommas getrennt sind. Sie können, müssen aber nicht, durch eine koordinierende Konjunktion verknüpft sein.

Beispiele für ein Satzgefüge, bestehend aus Hauptsatz und Nebensatz:

Wir werden schwimmen, falls das Wasser warm ist.

Der Chef ist derart häufig weg, daß man ihn kaum noch sieht.

Ein Satzgefüge kann bestehen aus:	Beispiele:
1. einem Hauptsatz und mehreren Nebensätzen	Wenn ihr glaubt, daß euer Spielchen so weitergehen kann, weil wir bisher nichts dazu gesagt haben, dann täuscht ihr euch sehr.
2. mehreren Hauptsätzen und einem Nebensatz	Sie fahren heute nicht zum Markt, aber sie werden es morgen tun müssen, weil die Vorräte zu Ende gehen.
3. mehreren Hauptsätzen und mehreren Nebensätzen	Ich bedanke mich für das Geschenk, das rechtzeitig zum Geburtstag eintraf, und für das nächste Wochenende lade ich dich hiermit zum Essen ein, um mit dir ein bißchen nachzufeiern.

Ü1

Lesen Sie das folgende Rätsel, erraten Sie die beschriebene Stadt und bestimmen Sie, ob es sich bei den Sätzen um Satzverbindungen oder Satzgefüge handelt.

1. Diese Stadt blickt auf eine lange, bewegte Geschichte zurück und in eine hoffentlich ebensolche Zukunft; sie schwankt ständig zwischen Provinzmief und Weltstadtniveau. 2. Daß das Leben hier tempo- und spannungsgeladen ist, liegt nicht nur an den geteilten persönlichen und politischen Meinungen. 3. Die Einwohner sind die Leute von nebenan, von drüben, von allen Ecken der Erde und der "5. Besatzungsmacht", was deutlich zu hören ist. 4. Sie alle zusammen formen den Alltag und bestimmen den Pulsschlag; Ruhe ist nicht die erste Bürgerpflicht. 5. Besucher staunen über die Größe der Stadt, die Wald- und Seengebiete, die Kneipen, Restaurants, Theater, Museen und die Währungen; denn hier wird ihnen alles doppelt geboten, es kostet auch häufig das Doppelte. 6. Die Luft, die so häufig besungen wird, kann steuervergünstigt eingeatmet werden; "Schnauze" haben hier nicht nur die vielgeliebten Vierbeiner, und Brücken gibt es mehr als in Venedig. 7. Des Rätsels Lösung ist eine Stadt, die sich nicht auf die Haut ihres Wappentieres legt.

d) Nebensätze verschiedenen Grades

Wir unterscheiden Nebensätze gleichen und ungleichen Grades:

Nebensätze gleichen Grades sind vom gleichen Hauptsatz oder vom gleichen übergeordneten Nebensatz abhängig.
Werden Nebensätze gleichen Grades nicht durch "und" oder "oder" verbunden, dann müssen wir sie durch Komma trennen.

Beispiele:

Ich weiß, was du willst, worauf du abzielst, wofür du arbeitest.

Ich weiß, was du willst und worauf du abzielst und wofür du arbeitest.

Wir werden nie erfahren, was sie dazu sagten, ob sie die Wahrheit kannten.

Wir werden nie erfahren, was sie dazu sagten oder ob sie die Wahrheit kannten.

Nebensätze ungleichen Grades sind voneinander abhängig.

Nebensätze ungleichen Grades trennen wir durch Komma, auch wenn "und" oder "oder" gesetzt werden.

Beispiele:

Es war zu spät, um nach Hause zu fahren, so daß wir gezwungen waren, im Auto zu übernachten, und weil nirgends ein Haus zu sehen war, gab es auch keine andere Möglichkeit.

Weil es seit drei Tagen regnet, so daß das Wasser über die Ufer tritt, und weil damit zu rechnen ist, daß alles überschwemmt wird, mußten alle den Zeltplatz verlassen.

Ü1

Unterstreichen Sie Nebensätze ungleichen Grades mit verschiedenen Farbstiften:

1. Er glaubt, daß er die Krankheit überstanden hat und daß er auch wieder ganz gesund ist.
2. Wir dürfen die Bäume nicht fällen, wenn wir verhindern wollen, daß der Regen die Erde wegspült.
3. Niemand kann heute wissen, wohin sich die Technik, die für uns so selbstverständlich ist, noch entwickeln wird.
4. Der Präsident sagte, daß er gerade angekommen sei, daß er sich erst erfrischen müsse und er danach ins Theater fahre.
5. Das Buch, das er sich gewünscht hatte, war zu teuer, und so kaufte er sich eine Zeitschrift, die erschwinglich war und die viel Lesestoff anbot.
6. Der Richter fragte den Zeugen, der gerade zum Angeklagten blickte, wann er diesen zuletzt gesehen habe und ob er ihn kenne.
7. Der Schnee, der die Häuser bedeckt, wird verschwunden sein, bevor wir Ostern feiern, falls es nicht außergewöhnlich kalt bleibt.
8. Gib mir rechtzeitig Bescheid, damit ich weiß, wann du ankommst und wann du wieder abreist, damit ich schon jetzt alles vorbereiten kann.

e) Nebensätze sind "Gliedsätze"

Nebensätze erfüllen in einem Satzgefüge immer die Aufgabe eines bestimmten Satzglieds; deshalb nennt man sie auch "Gliedsätze". Aus Satzgliedern eines einfachen Satzes kann man also Nebensätze machen und umgekehrt.
Nach den Satzgliedern, für die sie stehen, kann man die "Gliedsätze" so einteilen:

Aus einem Subjekt	entsteht	ein Subjektsatz:
Dein Benehmen ist erfreulich.		Daß du dich benimmst, ist erfreulich.
Aus einem Attribut	entsteht	ein Attributsatz:
Kalter Kaffee schmeckt nicht.		Kaffee, der kalt ist, schmeckt nicht.
Aus einem Prädikatsteil	entsteht	ein Prädikatsatz:
Du bist witzig.		Du bist das, was man witzig nennt.
Aus einem Objekt	entsteht	ein Objektsatz:
Sie verprassen ihr Erbe.		Sie verprassen, was sie geerbt haben.
Aus einem Adverbiale	entsteht	ein Adverbialsatz:
Unbewußt hatten wir die richtige Lösung gefunden.		Ohne daß wir es wußten, hatten wir die richtige Lösung gefunden.

Ü1

Machen Sie aus den unterstrichenen Satzteilen Gliedsätze und bestimmen Sie diese nach ihrer Funktion als Satzglieder.

1. Er erholt sich durch Schlafen. ____________________
2. Der kleine Junge spielt. ____________________
3. Vor lauter Glück lachen sie. ____________________
4. Mein Chef ist ein ernster Mensch. ____________________
5. Sein Aufenthalt ist unbekannt. ____________________
6. Verabscheut Schlechtes! ____________________
7. Trotz der Warnungen kaufte sie das Auto. ____________________
8. Er weckte mich durch lautes Klopfen. ____________________
9. Sie leugnet ihre Tat. ____________________
10. Die teuerste Kette fehlt. ____________________

f) Verkürzte Nebensätze

Neben den normalen Gliedsätzen gibt es die besondere Form der "verkürzten Gliedsätze", verkürzt deshalb, weil das Subjekt fehlt.

1. Partizipialsätze

   Beispiele:

   Den Kopf voller Flausen (habend), vertrödelte er die Schulzeit.

   Pfeife rauchend und lesend, verbrachte er den ganzen Tag.

   Durch das Bad erfrischt (seiend), spielten die Kinder munter weiter.

2. Infinitivsätze

   Beispiele:

   Wir stellten uns unter, um nicht naß zu werden.

   Es ist angenehm, verwöhnt zu werden.

3. "Versteckte Nebensätze"

   Versteckt deshalb, weil sie durch die normale Stellung des konjugierten Verbs einen Hauptsatz vortäuschen:

   Wir hoffen, der Regen kommt bald.
   Wir hoffen, daß der Regen bald kommt.

   Beispiele:

   Die Tresorknacker denken, die Gefahr sei vorüber.

   Die Polizei glaubt, die Bank wäre verschont worden.

   Ich fühle, mir raucht der Kopf.

Ü1

Machen Sie aus den Nebensätzen Infinitiv-, Partizipial- und versteckte Nebensätze.

1. Ich finde, daß wir helfen sollten. 2. Als ich zu Hause ankam, mußte ich den Schlüssel suchen. 3. Wir beeilten uns, ohne daß wir uns hetzten. 4. Damit du schneller wirst, trainierst du ständig. 5. Es ist gut, daß man nicht alles weiß. 6. Während er die Bahnfahrt genoß, lächelte er still vor sich hin. 7. Sie hörten uns zu, ohne daß sie es wollten. 8. Es ist nicht gestattet, daß man hinter die Kulissen blickt. 9. Der Sprecher meldete, daß das Unwetter vorüber sei. 10. Ich hoffe, daß das Geld bald hier eintrifft. 11. Während du in Gedanken versunken warst, hast du alles Wichtige versäumt. 12. Sie verschwanden bei Nacht und Nebel, damit sie unbemerkt untertauchen konnten.

g) Einleitewörter von Nebensätzen

Nach der Wortart des Einleiteworts unterscheidet man ...

Relativsätze: ... Nebensätze, die durch ein Relativpronomen eingeleitet werden:

Nur solche Koffer, welche als Reisegepäck aufgegeben sind, können am Reiseziel zugestellt werden.

Die Frau, die heute angerufen hat, war sehr nett.

Konjunktionalsätze: ... Nebensätze, die durch eine Konjunktion eingeleitet werden:

Wir treiben Sport, da wir fit bleiben wollen.

Wir laufen jeden Tag, wenn es uns Spaß macht.

Indirekte Fragesätze: ... Nebensätze, die mit einem Fragepronomen oder "ob" beginnen:

Der Rausschmeißer überlegt, ob er eingreifen soll.

Man fragt sich, warum alles wieder von vorn anfängt.

Ü1

Geben Sie an, ob es sich um Konjunktionalsatz, Relativsatz oder indirekten Fragesatz handelt, und unterstreichen Sie jeweils das einleitende Wort.

1. Weil wir Hunger haben, müssen wir Essen kochen. ______
2. Träume, die nicht erfüllt werden, sind am schönsten. ______
3. Das Essen, welches dort serviert wurde, war kalt. ______
4. Es ist fraglich, ob morgen die Sonne scheint. ______
5. Er überlegt sich, ob er noch einmal anfängt. ______
6. Die Leute, die Geld haben, sind nicht immer auch ______
7. die Leute, welche am meisten arbeiten. ______
8. Zu bedenken ist, ob der Faden hält. ______
9. Es gibt keine andere Möglichkeit, da wir hierbleiben. ______
10. Man muß überlegen, ob es sich lohnt. ______
11. Die Möbel, die alt sind, werden verbrannt. ______
12. Ein Hund, welcher bellt, beißt manchmal. ______
13. Weil er böse ist, schimpft er dauernd. ______
14. Vergessen Sie die Dinge, die Sie stören. ______

Zeichensetzung: Komma und andere Probleme 19

Der letzte Abschnitt dieses Hefts soll bewußtmachen, daß Satzzeichen wichtige und sinnvolle Gliederungs- und Verständnishilfen und unentbehrlich für die Schriftsprache sind. Angemessene Zeichensetzung erleichtert uns das Verstehen von Texten, das Erkennen von Mitteilungsabsichten, das Einhalten von Sprechpausen und das Begreifen des Satzbaus.
Stimmen Sie sich durch das Lesen des folgenden Andersen-Märchens auf das Lerngebiet "Zeichensetzung" ein; achten Sie nebenbei auf die Satzzeichen.

Die Lumpen

Draußen vor der Fabrik lagen hochaufgestapelte Lumpenhaufen, die von weit und breit gesammelt waren; jeder Lumpen hatte seine Geschichte, jeder hielt seine Rede, aber man kann sie nicht alle hören. Einige Lumpen waren inländische, andere stammten aus fremden Ländern. Hier lag nun ein dänischer Lumpen neben einem norwegischen Lumpen; erzdänisch war der eine und stocknorwegisch war der andere, und das war das Lustige an den beiden, wird jeder vernünftige Norweger und Däne sagen.

Sie erkannten einander eben an der Sprache, obgleich jede von ihnen so verschieden sei, sagte der Norweger, wie Französisch und Hebräisch. «Wir gehen in die Berge, um sie frisch und ursprünglich zu erhalten, und der Däne macht sich sein schnullersüßes, fades Kleistergeschwätz.»

Die Lumpen sprachen, und Lump ist Lump in jedem Land, sie gelten nur etwas im Lumpenhaufen.

«Ich bin norwegisch!» sagte der Norweger, «und wenn ich sage, daß ich norwegisch bin, so glaube ich genug gesagt zu haben! Ich bin fest im Gewebe, wie das Urgebirge im alten Norwegen, das Land, das eine Konstitution hat wie das freie Amerika! Es kitzelt mich im Gewebe, wenn ich daran denke, was ich bin, und den Gedanken erdröhnen zu lassen in Granitworten!»

«Aber wir haben eine Literatur!» sagte der dänische Lumpen. «Verstehen Sie, was das ist?»

«Verstehen?» wiederholte der Norweger, «Flachlandbewohner, soll ich ihn zu Berge heben und ihm nordleuchten, Lump, der er ist! Wenn das Eis taut vor der norwegischen Sonne, dann kommen dänische Lastkähne zu uns hinauf mit Butter und Käse, recht eßbare Waren! Und als Ballast folgt dänische Literatur. Wir brauchen sie nicht! Man entbehrt gern schales Bier dort, wo die frische Quelle sprudelt. Und hier ist sie ein Born, der nicht angebohrt ist, nicht zu europäischer Kenntnis geschwatzt ist durch Zeitungen, Kameradschaft und Reisen der Schriftsteller ins Ausland. Frei spreche ich von der Lunge weg, und der Däne muß sich an den freien Ton gewöhnen, und das wird er bei seinem skandinavischen Anklammern an unser stolzes Felsenland, die Urscholle der Welt!»

«So könnte nun ein dänischer Lumpen niemals reden!» sagte der Däne. «Das ist nicht unsere Natur. Ich kenne mich selbst, und wie ich sind alle unsere Lumpen; wir sind so gutmütig, so bescheiden. Wir halten so wenig von uns selber, und dadurch gewinnt man freilich nichts, aber ich mag es so gern, ich finde es so reizend! Übrigens, das kann ich Ihnen versichern, kenne ich durchaus meine eigene gute Bonität, aber ich spreche nicht davon, eines solchen Fehlers soll mich keiner beschuldigen können. Ich bin weich und biegsam, ertrage alles, beneide niemand, spreche gut von allen, obgleich nicht viel Gutes von den meisten andern zu sagen ist, aber das ist ihre Sache! Ich spotte eben immer darüber, denn ich bin so begabt!»

«Sprechen Sie mir nicht diese weiche Kleistersprache des Flachlandes, mir wird übel dabei!» sagte der Norweger und löste sich im Wind von dem Haufen und kam in einen andern hinüber.

Papier wurden sie alle beide, und der Zufall wollte, daß der norwegische Lumpen ein Papier wurde, worauf ein Norweger einen treuen Liebesbrief an ein dänisches Mädchen schrieb, und der dänische Lumpen wurde das Manuskript einer dänischen Ode zum Preis von Norwegens Kraft und Herrlichkeit.

Es kann auch bei den Lumpen etwas Gutes herauskommen, wenn sie erst vom Lumpenhaufen weg sind und die Verwandlung zur Wahrheit und Schönheit geschehen ist. Sie leuchten in gutem Einvernehmen, und in dem liegt Segen.

Das ist die Geschichte, sie ist ganz vergnüglich und beleidigt gar niemand, außer – die Lumpen.

Die folgende Geschichte "Kommafee in Nöten" ist als Demonstration gedacht. Diese soll helfen, Vorurteile und Abneigung gegen die Zeichensetzung abzubauen und gleichzeitig das Gefühl für die gegenseitige Abhängigkeit von Grammatik und Satzzeichen zu wecken.

ES WAR EINMAL ...

... eine Kommafee, die tagein und tagaus brav ihre Arbeit verrichtete und fein säuberlich ihre Kommas und alle anderen Satzzeichen auf die Texte verteilte.
So konnte jedermann leicht und ohne Probleme
- den Sinn der Sätze verstehen,
- Sprechpausen erkennen,
- Satzabläufe begreifen und
- Spaß am Lesen haben!

So geschah es auch mit der Geschichte "Die Lumpen"

Draußen vor der Fabrik lagen hochaufgestapelte Lumpenhaufen, die von weit und breit gesammelt waren; jeder Lumpen hatte seine Geschichte, jeder hielt seine Rede, aber man kann sie nicht alle hören. Einige Lumpen waren inländische, andere stammten aus fremden Ländern. Hier lag nun ein dänischer Lumpen neben einem norwegischen Lumpen; erzdänisch war der eine und stocknorwegisch war der andere, und das war das Lustige an den beiden, wird jeder vernünftige Norweger und Däne sagen.

Sie erkannten einander eben an der Sprache, obgleich jede von ihnen so verschieden sei, sagte der Norweger, wie Französisch und Hebräisch. «Wir gehen in die Berge, um sie frisch und ursprünglich zu erhalten, und der Däne macht sich sein schnullersüßes, fades Kleistergeschwätz.»

Doch geschah es just in diesem Augenblick, daß unsere kleine Kommafee in Liebe entbrannte zu dem alles abschließenden Punkt! Da vergaß sie sich und alle anderen Satzzeichen und hatte nur noch ihn, den unvergleichlichen Punkt, im Kopf. -
So geschah es dann auch, daß die Texte sehr, sehr kurz wurden:

"Lump bleibt Lump in jedem Land. Lumpen gelten nur etwas im Lumpenhaufen. Ich bin ein norwegischer Lump. Das ist genug. Ich bin wie das Gebirge und die Konstitution in Amerika. Es kitzelt mich im Gewebe. Ich lasse Gedanken in Granitworten erdröhnen."
"Wir haben die Literatur." Das sagte der dänische Lumpen. "Sie verstehen."

Aber es kam doch nach einiger Zeit so, daß die Kommafee nur noch bittere Tränen über den rigorosen Punkt weinte. Immer, immer setzte er sich so endgültig an den Schluß! Sie litt gar fürchterlich unter dieser Schroffheit und Kürze und suchte Trost und Verständnis beim Semikolon; bei ihm hatte sie doch noch ein bißchen vom Punkt, aber auch schon wieder ein bißchen von sich selbst. So versuchte sie nun auf beide einzugehen:

Verständnislos blieb jedoch der Norweger; vielmehr wollte er dem Dänen heimleuchten: "Das Eis taut vor der norwegischen Sonne; es kommen die dänischen Lastkähne mit Butter und Käse. Und als Ballast folgt die dänische Literatur; wir brauchen sie nicht; man entbehrt gern schales Bier; hier sprudelt die Quelle. Und hier ist die Literatur ein Born; der ist nicht angebohrt; er ist nicht geschwatzt zu europäischer Kenntnis durch Zeitungen."

Ach, aber auch das Semikolon konnte die Tränen unserer Kommafee nicht stillen, und der Trost währte nur kurze Zeit! Aus Verzweiflung über ihre Zerrissenheit zwischen Punkt und Semikolon griff die kleine Fee zur Flasche und betrank sich gar schrecklich. In ihrem Kummer und unter dem Einfluß des verwirrenden Trosttrunkes warf sie alles durcheinander:

"Frei spreche ich, von der Lunge weg: und der Däne muß? sich an den (freien) Ton gewöhnen", und das wird er - bei seinem ... skandinavischen Anklammern; an unser stolzes Felsenland. Der Urscholle der Welt ..."
So könnte - nun ein dänischer "Lumpen niemals"? reden sagte' der Däne. Das ist nicht unsere Natur! Ich kenne mich selbst - und wie ich, sind alle! Unsere Lumpen - wir sind so gut-mütig und so bescheiden? ...

Als der Kommafee der Kopf immer schwerer wurde, sie länger und länger gähnen mußte und kaum noch die Augen auf den Text richten konnte, da war es dann so weit: Ohne jegliches Komma, ohne Punkt und all die anderen Zeichen purzelten die Sätze aus der Schreibmaschine:

Wir halten so wenig von uns selber und dadurch gewinnt man freilich nichts aber ich mag es so gern ich finde es so reizend Übrigens das kann ich Ihnen versichern kenne ich durchaus meine eigene gute Bonität aber ich spreche nicht davon eines solchen Fehlers soll mich keiner beschuldigen können Ich bin weich und biegsam ertrage alles beneide niemand spreche gut von allen obgleich nicht viel Gutes von den meisten andern zu sagen ist aber das ist ihre Sache Ich spotte eben immer darüber denn ich bin so begabt

Ein gütiges Schicksal wollte es jedoch, daß sich ein Fenster öffnete und die Kühle des Windes unserer Kommafee angenehm und erfrischend die Stirn umwehte.
Und bald saß sie wieder mit klarem Kopfe und völlig wiederhergestelltem Selbstbewußtsein vor den Texten, ging sehr, sehr sicher über die Zeilen und setzte deutlich ihre Kommas und alle anderen Zeichen wieder an die richtigen Stellen!
Deshalb kommt es, daß wir noch heute lesen können:

«Sprechen Sie mir nicht diese weiche Kleistersprache des Flachlandes, mir wird übel dabei!» sagte der Norweger und löste sich im Wind von dem Haufen und kam in einen andern hinüber.

Papier wurden sie alle beide, und der Zufall wollte, daß der norwegische Lumpen ein Papier wurde, worauf ein Norweger einen treuen Liebesbrief an ein dänisches Mädchen schrieb, und der dänische Lumpen wurde das Manuskript einer dänischen Ode zum Preis von Norwegens Kraft und Herrlichkeit.

Es kann auch bei den Lumpen etwas Gutes herauskommen, wenn sie erst vom Lumpenhaufen weg sind und die Verwandlung zur Wahrheit und Schönheit geschehen ist. Sie leuchten in gutem Einvernehmen, und in dem liegt Segen.

Das ist die Geschichte, sie ist ganz vergnüglich und beleidigt gar niemand, außer – die Lumpen.

... und da sie nicht gestorben ist, so lebt sie heute noch: die Kommafee!

Ü1

Arbeiten Sie die auf den folgenden 3 Seiten zusammengefaßten kurzen Regeln und Beispiele zur Verwendung der Satzzeichen durch und notieren Sie Unklarheiten und Fragen.

1. Punkt

Der Punkt steht am Ende des Aussagesatzes,	Wir erinnern uns.
nach indirekten Fragesätzen,	Sie fragen, wann wir kämen.
nach abhängigen Befehls-,	Der Chef ordnete an, ihn abzuholen.
Wunsch-	Sie wünschte, er wäre gesund.
und Ausrufesätzen.	Er rief, sie solle sich beeilen.
Wenn Befehls- und Wunschsätze ohne Nachdruck gesprochen werden, steht der Punkt anstelle des Ausrufezeichens.	Siehe § 9 dieser Verordnung.
Der Punkt steht nach Ordnungszahlen	5. November
und nach Abkürzungen, die im vollen Wortlaut gesprochen werden.	Ludwig II. Fürth i. Bay. (gesprochen: in Bayern)

Kein Punkt,

wenn ein Aussagesatz als Beifügung steht,	Das Sprichwort "Geld regiert die Welt" stimmte ihn nachdenklich.
wenn Abkürzungen als selbständige Wörter gesprochen werden,	DAK (gesprochen: de a ka) GmbH (gesprochen: ge em be ha) USA (gesprochen: u es a)
wenn Abkürzungen für Maße, Gewichte, Münzbezeichnungen, chemische Grundstoffe und Himmelsrichtungen stehen,	cm m g kg t DM Na SW
nach Datumsangaben, nach Überschriften, nach Unterschriften, nach Anschriften, nach Buchtiteln.	Nürnberg, den 01.05.77 Paris zur Mitarbeit bereit Herzliche Grüße Deine Helga Herrn Robert Römer, Bamberg ... und führen, wohin du nicht willst

2. Komma

Das Komma trennt nebengeordnete Hauptsätze, auch wenn sie durch Bindewörter (und, oder, weder-noch, entweder-oder) verbunden sind.	Empfehlen Sie mich Ihrem Teilhaber, und seien Sie selbst herzlich gegrüßt. Wollen Sie laufen, oder möchten Sie jetzt lieber ausruhen?

Kein Komma,

wenn durch "und" oder "oder" verbundene Hauptsätze kurz sind und eng zusammengehören,	Tue recht und scheue niemand.
wenn Hauptsätze einen Satzteil gemeinsam haben.	Sie brachen auf und wanderten weiter.

Komma zwischen Haupt- und Gliedsatz:	Wenn es sich einrichten läßt, werden wir kommen. Menschen, die krank sind, sollten sich schonen. Ich glaube, er hat recht.
Kein Komma bei reiner Grundform, die jedoch bereits als erweitert gilt, wenn "ohne zu", "um zu", "als zu", "anstatt zu" an Stelle des bloßen "zu" stehen.	Die Chance zu gewinnen war gering. Er ist eifrig bemüht zu ,verkaufen.
Komma bei erweiterter Grundform	Wir hoffen, Ihnen gedient zu haben, und empfehlen uns ... Er litt, ohne zu klagen. Sie glaubte, übervorteilt worden zu sein. (mehrteilige Passivform)

Kein Komma,

wenn erweiterte Grundform mit Hauptsatz verschränkt ist,	Dieses Vorkommnis wollen wir zu klären versuchen.
wenn die erweiterte Grundform Hilfszeitwörtern oder hilfszeitwörtlich gebrauchten Zeitwörtern folgt.	Er hat nichts zu sagen. Er scheint sich gut zu unterhalten.
Komma zwischen Satzteilen, die durch die anreihenden Bindewörter "bald - bald", "einerseits - andrerseits", "einesteils - andernteils", "jetzt - jetzt", "ob - ob", "teils - teils", "nicht nur - sondern auch", "halb - halb" u. a. verbunden sind.	Der Verkauf findet nicht nur im Laden, sondern auch im Freien statt.
Kein Komma vor den anreihenden Bindewörtern "und", "oder", "sowie", "wie", "sowohl - als auch", "weder - noch", weil sie eng zusammengehörige Satzteile verbinden.	Er wird vermutlich heute oder morgen in Berlin ankommen.
Komma vor den entgegensetzenden Bindewörtern "aber", "allein", "jedoch", "doch", "vielmehr", "sondern" u. a.	Der Job war hart, aber man verdiente sehr gut.
Kein Komma bei dem entgegensetzenden gepaarten Bindewort "entweder - oder".	Mein Freund mußte entweder das eine oder das andere tun.
Kein Komma vor den vergleichenden Bindewörtern "als", "wie", "denn", wenn sie nur Satzteile verbinden.	Amerika ist größer als Europa. Fritz ist so groß wie ich.

Komma jedoch vor vollständigen Vergleichssätzen und bei dem erweiterten Infinitiv mit "zu".	Max ist stärker, als sein Bruder im gleichen Alter war. Er konnte nichts Besseres tun, als sich aus dem Staub zu machen.
Komma zwischen Wörtern gleicher Wortarten und zwischen gleichen Wortgruppen, wenn sie nicht durch "und" oder "oder" verbunden sind.	Frühling, Sommer, Herbst und Winter. Alles tanzt, scherzt, lacht und amüsiert sich.
Kein Komma vor dem letzten der aufgezählten Eigenschaftswörter oder Mittelwörter, wenn dieses mit dem Hauptwort einen Gesamtbegriff bildet.	ein Glas frisches, dunkles bayerisches Bier.

Merke:

Anrede:	Herr Doktor, sind Sie da? (im Brief: Sehr geehrter Herr Meyer, wir danken Ihnen ...)
Ausruf:	Ach, das tut mir aber leid!
Nachgestellte Beifügung (Apposition):	Mitterhofer, der Erfinder der Schreibmaschine, starb 1893. Aber: Karl der Große war zuletzt König der Franken und römischer Kaiser. (Apposition gehört zum Namen!)
Bitte:	Bitte, unterlassen Sie das! (Komma, da betont auffordernd.) Bitte teilen Sie uns mit ... (Kein Komma, da "bitte" hier nur Höflichkeitsformel ist.)
Datum:	Nürnberg, den 10.02.77 Montag, den 15.03.77, (vormittags) 10 Uhr
Hinweis auf Verordnungen usw:	§ 6 Abs. 3 Satz 5 (keine Kommas mehr)
Namen und Titel:	Georg Josef Huber (aber: Huber, Georg Josef) Direktor Professor Dr. P. Maier Anna Schumm (,) geb. Fleischmann
Stellenangaben in Zeitschriften, Büchern usw.:	METALL, Zeitung der IG Metall, 21. Jahrgang, Nummer 3, S. 20
Wohnungsangaben:	Frau Eva Kraus, 2 Hamburg, Schleichstraße 5, II. Stock, rechts, ist vorübergehend verreist. (auch: ...str. 5 II, r. oder 5, II, r.)
Immer dann, wenn das Setzen oder Weglassen eines Kommas die Aussage eines Satzes entscheidend beeinflußt bzw. ändert, geht natürlich die Notwendigkeit, ein Mißverständnis auszuschließen, vor den für die Zeichensetzung bestehenden Richtlinien.	Herr S. empfahl uns, zu wählen. Herr S. empfahl, uns zu wählen. Heute besuchte uns Herr Meier, der Chef unserer Firma und Frau S. (3 Personen)
Überhaupt sollte gelten, daß "der Schreibende über die Richtlinien hinaus eine gewisse Freiheit in der Zeichensetzung haben muß". (So zu lesen im Duden, Rechtschreibung, Zeichensetzung, S. 16-36, auf den auch wegen weiterer, evtl. noch gewünschter Information über "letzte Feinheiten" in der Zeichensetzung verwiesen sei.)	Heute besuchte uns Herr Meier, der Chef unserer Firma, und Frau S. (2 Personen)

3. Strichpunkt (Semikolon)

Der Strichpunkt ist seiner Stärke nach mehr als der Beistrich und weniger als der Punkt. Dementsprechend bleibt seine Anwendung weitgehend dem Sprachgefühl des Schreibenden überlassen. Angebracht ist er z. B. zwischen zwei nebengeordneten Sätzen, die durch "denn", "doch", "darum", "trotzdem" verbunden sind, oder auch, wenn bei Aufzählungen Gruppen gleichartiger Begriffe kenntlich gemacht werden sollen.	Gerda ist heute früh auf der Treppe gestürzt; darum kann sie nicht kommen. Wir lasen dort Goethe, Schiller, Lessing; Kant, Hegel, Marx; außerdem die bedeutendsten Romanschriftsteller des 19. Jahrhunderts.

4. Doppelpunkt (Kolon)

Der Doppelpunkt steht vor der angekündigten wörtlichen (direkten) Rede.	Ludwig XIV. sagte: "Ich warte ab."
Der Doppelpunkt steht vor angekündigten Aufzählungen.	Die Wochentage haben folgende Namen: Sonntag, Montag usw.
Kein Doppelpunkt, wenn der Aufzählung "d. h.", "z. B.", "nämlich" u. a. vorausgehen.	Die Woche hat 7 Tage, nämlich Sonntag, Montag, Dienstag usw.
Groß schreibt man nach einem Doppelpunkt das erste Wort einer wörtlichen Rede oder eines selbständigen Satzes.	Er sagte: "Ich gehe." Gebrauchsanleitung: Man nehme die Abdeckhaube ab und ...
Klein schreibt man nach einem Doppelpunkt, der vor einer angekündigten Aufzählung oder einer Zusammenfassung steht.	Tippa, gabriele, matura, electric: unser gesamtes Programm werden wir wieder zeigen.

5. Fragezeichen

Das Fragezeichen steht nach einem direkten Fragesatz (auch als Überschrift!).	"Weshalb sollte ich nicht?" fragte er scharf. SCHALTET SICH JETZT NIXON EIN?
Das Fragezeichen steht nach einzelnen Fragewörtern, auch wenn sie im Satzzusammenhang auftreten.	Wieso? Warum? Wo? Auf die Frage "wem?" steht der dritte Fall.
Kein Fragezeichen nach Ausrufen, die die Form einer Frage haben.	Wie zufrieden war ich da!

6. Ausrufezeichen

Das Ausrufezeichen steht nach Wunsch- und Befehlssätzen,	Wärst Du doch in Düsseldorf geblieben! Dageblieben!
nach Ausrufen der Gemütsbewegung, seltener nach der Anrede am Briefanfang.	Herrlich! Oh! Schade! Pfui! Sehr geehrter Herr Schmidt!
Kein Ausrufezeichen nach:	Hochachtungsvoll Mit freundlichen Grüßen

7. Gedankenstrich

Der Gedankenstrich zwischen Sätzen bezeichnet den Wechsel der Sprechenden,	"Karl, kommst du heute?" - "Nein, nein! Heute ist es mir unmöglich zu kommen".
innerhalb eines Satzes eine Pause, die Vorbereitung auf etwas Unerwartetes, den Abbruch der Rede, das Verschweigen eines Gedankenabschlusses.	Rumpf vorwärts senken - senkt!
Beispiele für die Satzzeichenfolge in Verbindung mit dem Gedankenstrich:	Sie ärgern sich - schreiben Sie -, daß ich nichts mehr von mir hören ließ. Ich rechne - hoffentlich nicht vergebens - mit Ihrer Einwilligung. Ich bin überzeugt - Sie teilen doch meine Ansicht -, daß er recht hat.

8. Anführungszeichen

Nebenstehend einige Beispiele, wie die Anführungszeichen gesetzt werden.	Die Frage: "Wie geht es Ihnen?" wirkt doch oft recht floskelhaft. "Ich glaube", schrieb er mir erst kürzlich, "daß er ihn bald wiedersehen wird". Oskar Wildes Roman "Das Bildnis des Dorian Gray" zählt zur Weltliteratur.
Hervorzuhebende Wörter, Silben und Buchstaben können im Druck ohne Anführungszeichen stehen, wenn diese durch Sperrung oder eine andere Schriftart gekennzeichnet werden.	

9. Klammern

Man setzt runde Klammern, wenn erklärende Zusätze zu geben sind;	Frankenberg (Eder) Singen (Hohentwiel) Heide (Nichtchrist) - Heide (Land)
eckige, wenn die Erläuterungen zu einem bereits mit runden Klammern versehenen Zusatz gehören.	Das Wort Bankrott (vom italienischen banca rotta [zusammengebrochene Bank]) bedeutet "Zahlungsunfähigkeit".
Eckige Klammern verwendet man auch, um anzudeuten, daß Buchstaben oder Wortteile weggelassen werden können.	Maschine[n] schreiben neun[und]einhalb

10. Auslassungspunkte

Man verwendet sie (immer drei an der Zahl) wie den Gedankenstrich, wenn man den Abbruch einer Rede, das Verschweigen eines Gedankenabschlusses usw. andeuten will. Die Auslassungspunkte bezeichnen bei Zitaten auch die Weglassung von Wörtern und Sätzen, von denen der Schreiber annimmt, daß sie für den Leser unwesentlich sind.	Oh, mein ...! Das ist doch eine ...!

Ü2

Prüfen Sie mit Hilfe der Komma-Regeln und Beispiele auf Seite 65-67, ob in den folgenden Sätzen Kommas fehlen. Notieren Sie, warum Sie jeweils ein Komma einsetzen.

1. Städte sind groß und Dörfer sind klein.
2. Ich denke morgen kommt er aber wann er geht das weiß ich nicht.
3. Frau Müller kümmern Sie sich nicht um Herrn Schulze!
4. Es hat heute nacht nicht geregnet sondern geschneit.
5. Das Portemonnaie das du mir gegeben hast ist leider leer.
6. Das Datum für Ostern fällt in diesem Jahr auf deinen Geburtstag.
7. Schrecklich wie du heute aussiehst!
8. Hast du den Film gesehen der gestern spät abends im Fernsehen lief und gar nicht angekündigt war?
9. Es wäre besser er wüßte was ihn wirklich interessiert.
10. Fiffi komm jetzt endlich raus aus dem Gebüsch!
11. Egon der Schlingel soll schon wieder genascht haben.
12. Sie hatte einen Traum und wartet nun darauf daß er in Erfüllung geht.
13. Ich weiß nicht wer der Täter ist und woher er kam.
14. Wir beschleunigten unser Tempo da ein Gewitter aufzog.
15. Weder er noch sie haben von dem Ereignis gewußt.
16. Leider geht es im Beruf nicht immer wie man will und schon gar nicht wenn man es erzwingen möchte.
17. Keiner auch nicht der letzte Gast bemerkte die Leiche des Portiers.
18. Wir alle die Besucher die Nachbarn die vollzählig erschienen waren und sogar Lehrer mit ihren Klassen sahen bei der Parade zu.
19. Seine Mutter ist krank und er muß sich jetzt um den Haushalt kümmern.
20. Die alte Hauptstadt Berlin wird gern zum Ausflugsziel gemacht.
21. Wir vergessen schon nicht dich anzurufen.
22. Knautschke das Nilpferd im Zoo wird wieder Vater.
23. Sie wollten sich sofort nach ihrem Eintreffen melden damit wir die endlose Warterei aufgeben können.
24. Die Diät von der ich mir so viel versprochen hatte habe ich abgebrochen da es mir körperlich schlecht ging.
25. Man glaubt ja nicht wie schwierig es sein kann etwas was man einmal gelernt hat zu vergessen um wieder Platz für neue Erkenntnisse zu schaffen.
26. Der Nachbar der eine Treppe über uns wohnt ist heute nicht zu Hause weswegen er uns nicht mit Kaffee aushelfen kann.

Ü3

Entscheiden Sie, ob in den folgenden Sätzen Komma oder Semikolon (Strichpunkt) fehlt. Begründen Sie Ihre Entscheidungen.

1. Du kannst dich an diesem Unternehmen beteiligen doch es wäre günstiger du würdest damit noch ein wenig warten.
2. Wir geben bekannt daß die Preise neu festgelegt worden sind.
3. Mit großen erstaunten Augen sahen alle dem Zauberkünstler zu der kleine weiße Kaninchen verschwinden ließ.
4. Er will noch vor dem Regen das Gras mähen deshalb beeilt er sich obwohl ihn keiner dazu drängt.
5. Die Kinder wünschten sich Schokolade Bonbons Dauerlutscher Autos Puppen Schallplatten darüber hinaus gaben sie Auskunft über ihre Zukunftsvorstellungen.
6. Wenn sie jetzt nicht kommen fangen wir allein an zu essen.
7. Bitte kommen Sie etwas näher damit wir nicht so schreien müssen.
8. Sie hat Geburtstag am Sonnabend dem 9. August und möchte groß feiern deswegen schickt sie heute Einladungen an ihre Eltern Geschwister und Freunde.
9. Mein Bruder der Hund und ich fahren mit dem Auto aufs Land.

Ü4

Wird in den folgenden Sätzen die wörtliche Rede von Personen oder etwas anderes dargestellt? Setzen Sie entsprechend Doppelpunkt, Anführungszeichen und Komma ein, wo nötig.

1. Er rief uns zu Kommt pünktlich um drei! und fuhr los.
2. Bei der Berechnung der Heizkosten müssen wir beachten geleistete Vorauszahlungen Abrechnungsdaten Preis pro Liter.
3. Nächster Informationsabend 20. November.
4. Du sagtest du möchtest noch einmal darüber schlafen.
5. Ich will allein verreisen in den Ferien entschied sich mein Zwillingsbruder.
6. Entschuldigung sagte die Dame ich finde den Weg zum Bahnhof nicht. Bitte helfen Sie mir.
7. Daß wir dankbarer sein sollen wurde uns gesagt.
8. Er erzählte allen daß er im Lotto gewonnen habe.

Ü5

Ergänzen Sie die fehlenden Satzzeichen: Komma, Semikolon, Fragezeichen, Ausrufezeichen, Apostroph (Auslassungszeichen).

1. Warum erfüllen Sie den Vertrag nicht fragte der Richter
2. Gibt es noch einen Ausweg
3. Auf Ihre Anfrage vom 14. 2. können wir nicht antworten da diese hier nicht vorliegt.
4. Machen Sie doch keinen Ärger Mann
5. Die Kritiker schrieben daß der Film mehr als sehenswert sei daher sind die Karten für alle Vorstellungen ausverkauft
6. Wir abonnieren den Tag kaufen regelmäßig Das Sonntagsblatt und borgen uns gelegentlich die Times
7. Er hats geschafft jubelte Klaus Vater
8. Die Rücklagen die wir für schlechte Zeiten gebildet haben sind fast aufgebraucht.
9. Puschel Webers Kater ist ein eifriger Mäusejäger.
10. Manche mögens heiß ist eine Filmkomödie

Scheckheft-Hauptgewinner ist ein 33jähriger Maurer aus Berlin

Mit einer Vollmacht von seinem Sohn einem 33 Jahre alten unverheiratet in Berlin lebenden Maurer in den Händen kam gestern ein als Rentner in Süddeutschland lebender gebürtiger Berliner in das Büro des Tages der offenen Tür um den Hauptgewinn, einen Scheck in Höhe von 500 000 Mark abzuholen. Nach einer polizeitechnischen Untersuchung der Losnummer 155 998 wurde ihm der Gewinn überreicht Der Vater erklärte sein Sohn wolle anonym bleiben Er habe die Absicht für das Geld eine Eigentumswohnung in Westdeutschland zu kaufen die er vermieten wolle Der 33jährige Mann selbst werde weiter in Berlin leben und arbeiten Zunächst wolle er aber eine Amerika-Reise machen um einen alten Freund zu besuchen

Tsp

S1

Die rechts abgedruckte "zeichenlose" Zeitungsmeldung enthält in kompletter und damit klar verständlicher Form Satzzeichen fast aller Arten. Versuchen Sie, vom Inhalt und vom Satzbau her die weggelassenen Zeichen herauszufinden.

Anhang: Tabellen und Übersichten zum Nachschlagen

1. ARTIKEL (Geschlechtswort)

Der Artikel gibt bei den Substantiven Auskunft über:

1. GENUS (grammatisches Geschlecht):	Maskulinum (männlich)	Femininum (weiblich)	Neutrum (sächlich)	
2. NUMERUS (Zahl)	Singular (Einzahl)	Plural (Mehrzahl)		
3. KASUS (Fall):	Nominativ (1. Fall) wer/was?	Genitiv (2. Fall) wessen?	Dativ (3. Fall) wem?	Akkusativ (4. Fall) wen/was?

BESTIMMTER ARTIKEL

	Singular			Plural		
	Maskulinum	Femininum	Neutrum	Maskulinum	Femininum	Neutrum
Nominativ	der Mann	die Frau	das Kind	die Männer /	Frauen /	Kinder
Genitiv	des Mannes	der Frau	des Kindes	der Männer /	Frauen /	Kinder
Dativ	dem Mann(e)	der Frau	dem Kind(e)	den Männern /	Frauen /	Kindern
Akkusativ	den Mann	die Frau	das Kind	die Männer /	Frauen /	Kinder

UNBESTIMMTER ARTIKEL

Nominativ	ein Mann	eine Frau	ein Kind	--- Männer /	Frauen /	Kinder
Genitiv	eines Mannes	einer Frau	eines Kindes	--- Männer /	Frauen /	Kinder
Dativ	einem Mann(e)	einer Frau	einem Kind(e)	--- Männern /	Frauen /	Kindern
Akkusativ	einen Mann	eine Frau	ein Kind	--- Männer /	Frauen /	Kinder

2. PRONOMEN (Fürwort): Deklination mit/ohne Adjektiv bzw. Substantiv

PERSONALPRONOMEN (persönliches Fürwort)

	Nominativ	Genitiv	Dativ	Akkusativ	"Personen"
Singular	ich du er sie es	meiner deiner seiner ihrer seiner	mir dir ihm ihr ihm	mich dich ihn sie es	1. Person 2. Person } 3. Person
Plural	wir ihr sie	unser euer ihrer	uns euch ihnen	uns euch sie	1. Person 2. Person 3. Person
Höflichkeitsform	Sie	Ihrer	Ihnen	Sie	2. Person

PERSONALPRONOMEN + REFLEXIVPRONOMEN (rückbezügliches Fürwort)

		Dativ	Akkusativ
Singular	ich du er/sie/es	erlaube mir erlaubst dir erlaubt sich	erinnere mich erinnerst dich erinnert sich
Plural	wir ihr sie	erlauben uns erlaubt euch erlauben sich	erinnern uns erinnert euch erinnern sich
Höflichkeitsform	Sie	erlauben sich	erinnern sich

DEMONSTRATIVPRONOMEN (hinweisendes Fürwort) + Substantiv

		Maskulinum	Femininum	Neutrum
Singular	Nominativ Genitiv Dativ Akkusativ	dieser Gast dieses Gastes diesem Gast(e) diesen Gast	diese Wurst dieser Wurst dieser Wurst diese Wurst	dieses Glas dieses Glases diesem Glas(e) dieses Glas
Plural	Nominativ Genitiv Dativ Akkusativ	diese Gäste dieser Gäste diesen Gästen diese Gäste	diese Würste dieser Würste diesen Würsten diese Würste	diese Gläser dieser Gläser diesen Gläsern diese Gläser

DEMONSTRATIVPRONOMEN / UNBESTIMMTES PRONOMEN + Adjektiv + Substantiv

		Maskulinum	Femininum	Neutrum
Singular	Nominativ Genitiv Dativ Akkusativ	dieser nette Gast dieses netten Gastes diesem netten Gast(e) diesen netten Gast	diese schöne Blume dieser schönen Blume dieser schönen Blume diese schöne Blume	dieses neue Glas dieses neuen Glases diesem neuen Glas(e) dieses neue Glas
Plural	Nominativ Genitiv Dativ Akkusativ	diese netten Gäste dieser netten Gäste diesen netten Gästen diese netten Gäste	diese schönen Blumen dieser schönen Blumen diesen schönen Blumen diese schönen Blumen	diese neuen Gläser dieser neuen Gläser diesen neuen Gläsern diese neuen Gläser

Genauso nach: der/die/das; jener, -e, -es; mancher, -e, -es; jeder, -e, -es.

POSSESSIVPRONOMEN (besitzanzeigendes Fürwort) + Substantiv

Personal-pronomen	Singular			Plural
	Maskulinum	Femininum	Neutrum	Maskulinum / Femininum / Neutrum
ich du er sie es	mein Freund dein sein ihr sein	meine Tasche deine seine ihre seine	mein Buch dein sein ihr sein	meine Freunde/Taschen/Bücher deine seine ihre seine
wir ihr sie	unser euer ihr	uns(e)re eu(e)re ihre	unser euer ihr	uns(e)re eu(e)re ihre
Sie	Ihr	Ihre	Ihr	Ihre

POSSESSIVPRONOMEN ohne folgendes Substantiv

Singular	Maskulinum	Femininum	Neutrum	Plural	Maskulinum / Femininum / Neutrum
das ist	meiner deiner seiner ihrer seiner	meine deine seine ihre seine	mein(e)s dein(e)s sein(e)s ihr(e)s sein(e)s	das sind	meine deine seine ihre seine
	uns(e)rer eu(e)rer ihrer	uns(e)re eu(e)re ihre	uns(e)res eu(e)res ihr(e)s		uns(e)re eu(e)re ihre
	Ihrer	Ihre	Ihr(e)s		Ihre

POSSESSIVPRONOMEN oder "ein" oder "kein" + Adjektiv + Substantiv

		Maskulinum	Femininum	Neutrum
Singular	Nominativ Genitiv Dativ Akkusativ	mein netter Gast meines netten Gastes meinem netten Gast(e) meinen netten Gast	keine harte Wurst keiner harten Wurst keiner harten Wurst keine harte Wurst	ein neues Glas eines neuen Glases einem neuen Glas(e) ein neues Glas
Plural	Nominativ Genitiv Dativ Akkusativ	meine netten Gäste meiner netten Gäste meinen netten Gästen meine netten Gäste	keine harten Würste keiner harten Würste keinen harten Würsten keine harten Würste	- - - -
Andere Adjektivbeugung dagegen mit Zahlwort oder ohne Vorwort!				
	Nominativ Genitiv Dativ Akkusativ	(zwei) nette Gäste (zweier) netter Gäste (zwei) netten Gästen (zwei) nette Gäste	(zwei) harte Würste (zweier) harter Würste (zwei) harten Würsten (zwei) harte Würste	(zwei) neue Gläser (zweier) neuer Gläser (zwei) neuen Gläsern (zwei) neue Gläser

Demonstrativpronomen: der, die, das; dieser, diese, dieses; jener, jene, jenes; solcher, solche, solches; derselbe, dieselbe, dasselbe; derjenige, diejenige, dasjenige

Relativpronomen: der, die, das; welcher, welche, welches; wer, was

Possessivpronomen: mein, dein, sein, unser, euer, ihr/Ihr

Fragepronomen: wer?, was?, welcher/welche/welches?, was für einer/eine/ein?, was für welche?

Unbestimmte Pronomen: einer, eine, ein; keiner, keine, kein; all-; ander-; beide; solch(er), solche, solches; manch(er), manche, manches; etliches, etliche; einige; sämtliche; mehrere; etwas; jeder, jede, jedes; jedermann; jemand; niemand; man; ein paar; viel(e); wenig(e); nichts

3. PRÄPOSITIONEN (Verhältniswörter): Verwendung

Präposition	Gebrauch mit dem Genitiv/Dativ/Akkusativ: Anwendungsbeispiel(e)
ab	Dativ: ab morgen, ab Fabrik
abseits	Genitiv: abseits des Verkehrs
abzüglich	Genitiv: abzüglich eines Rabatts
an (am, ans)	Dativ (wann?, wo?): an dem Tag, am Tag, an der Wand hängen; Akkusativ (wohin?): an die Wand hängen, ans Licht bringen
angesichts	Genitiv: angesichts der Gefahr
anhand	Genitiv: anhand des Stadtplans
anläßlich	Genitiv: anläßlich der Feier
anstatt	Genitiv: anstatt eines Dankes
anstelle	Genitiv: anstelle meiner Mutter
auf (aufs)	Dativ (wo?): auf dem Papier stehen; Akkusativ (wohin?): auf das/aufs Papier schreiben
aufgrund	Genitiv: aufgrund der Beweise
aus	Dativ: aus der Stadt, aus der Zeit
ausschließlich	Genitiv: ausschließlich (der) Portokosten
außer	Dativ: Verkauf außer Haus; niemand außer mir
außerhalb	Genitiv: außerhalb des Hauses, außerhalb der Familie
bei (beim)	Dativ: bei dem/beim Vater, bei uns
betreffs	Genitiv: betreffs Ihrer Anfrage
bezüglich	Genitiv: bezüglich der Reklamation
binnen	Genitiv: binnen einer Stunde
bis	Akkusativ: bis nächsten Sommer
dank	Genitiv: dank ihrer Fähigkeiten; Dativ: dank seinem Ruf
diesseits	Genitiv: diesseits des Flusses
durch (durchs)	Akkusativ: durch mich; durch das/durchs Tor
einschließlich	Genitiv: einschließlich (der) Mehrwertsteuer
entgegen	Dativ: entgegen der Anweisung
entlang	Genitiv: entlang der Absperrung; Akkusativ: er ging die Strecke entlang
für (fürs)	Akkusativ: für die Zukunft, für alle, für das/fürs Geld
gegen	Akkusativ: gegen den Wind, gegen Lösegeld
gegenüber	Dativ: gegenüber der Gewalt, dem Kunden gegenüber
halber	Genitiv: der Ehre halber
hinsichtlich	Genitiv: hinsichtlich der Umstände
hinter (hinterm, hintern, hinters)	Dativ (wo?): hinter dem/hinterm Ladentisch stehen; Akkusativ (wohin?): hinter den/hintern Ladentisch treten, hinters Licht führen
in (im, ins)	Dativ (wann?, wo?): im Urlaub sein; Akkusativ (wohin?): in den Urlaub fahren, ins Büro gehen
infolge	Genitiv: infolge des Unfalls
inmitten	Genitiv: inmitten der Herde
innerhalb	Genitiv: innerhalb der nächsten drei Tage, innerhalb des Kreises
jenseits	Genitiv: jenseits der Grenze
kraft	Genitiv: kraft (des) Gesetzes
längs	Genitiv: längs des Flusses; Dativ: längs dem Zaun
laut	Genitiv: laut dieses Berichts; Dativ: laut dem Gutachten
mit	Dativ: mit allem, mit dem Auto
mitsamt	Dativ: mitsamt seinem Koffer
mittels	Genitiv: mittels seiner Kenntnisse
nach	Dativ: nach dem Weg fragen; nach der Geburt
nächst	Dativ: nächst dem Vater
nahe	Dativ: nahe dem Bahnhof
neben	Dativ (wo?): neben der Tür; Akkusativ (wohin): neben die Tür
nebst	Dativ: Baron von S. nebst (seiner) Gemahlin
oberhalb	Genitiv: oberhalb des Auges
ohne	Akkusativ: ohne großes Risiko
samt	Dativ: samt großem Hund, samt allen Mitgliedern
seit	Dativ: seit einem Jahr
seitens	Genitiv: seitens der Behörde
statt	Genitiv: statt eines Dankes; Dativ: statt Bösem Gutes tun
trotz	Genitiv: trotz seines Geldmangels; Dativ: trotz allem
über (überm, übern, übers)	Dativ (wo?): das Bild hängt über dem/überm Bett; Akkusativ (wohin): das Bild über das/übers Bett hängen
um	Akkusativ: um die Ecke, um das Auto
um ... willen	Genitiv: um des Zieles willen
unfern	Genitiv: unfern der Grenze
ungeachtet	Genitiv: ungeachtet des schlechten Wetters
unter (unterm, untern, unters)	Dativ (wo?): unter dem/unterm Dach; Akkusativ (wohin?): unter das/unters Dach
unterhalb	Dativ: unterhalb der Narbe
unweit	Dativ: unweit der Baustelle
vermittels	Genitiv: vermittels des Glaubens
vermöge	Genitiv: vermöge seines Einflusses
von (vom)	Dativ: von einem Freund, vom Vater
vor (vorm, vors)	Dativ (wann?, wo?): vor der Pause, vor dem/vorm Spiegel stehen; Akkusativ (wohin): sich vor das/vors Fenster stellen
vorbehaltlich	Genitiv: vorbehaltlich seiner Zustimmung
während	Genitiv: während des Prozesses
wegen	Genitiv: wegen widriger Umstände; Dativ: wegen allem
wider	Akkusativ: wider den guten Geschmack
zeit	Genitiv: zeit seines Lebens
zu	Dativ: zu meiner Überraschung, zu keinem Zeitpunkt, zu ihrem Freund
zufolge	Genitiv: zufolge seiner Aussage; Dativ: dem Urteil zufolge
zugunsten	Genitiv: zugunsten des Kindes
zuwider	Dativ: seiner Absicht zuwider
zuzüglich	Genitiv: zuzüglich der Mahngebühr; ungebeugt: zuzüglich Porto
zwecks	Genitiv: zwecks guten Einvernehmens
zwischen	Dativ (wann?, wo?): zwischen den Feiertagen, zwischen der Wand und dem Schrank stehen; Akkusativ (wohin?): zwischen die Wand und den Schrank stellen

4. Verben (Zeitwörter): Bedeutung, Verwendung, Formen (Konjugation)

Verben drücken aus, daß

1. etwas getan wird (Handlung): z. B. Wir singen. Sie besprechen die Aufgabe.
2. etwas geschieht (Vorgang): z. B. Das Blatt verwelkt. Die Vögel erwachen.
3. etwas ist (Zustand): z. B. Wir leben. Das Schild steht am Dorfeingang.

Sie bilden dabei Zeitformen (Tempora), die wir unterteilen in:

einfache Zeiten = eine Verbform		zusammengesetzte Zeiten = mehrere Verbformen	
PRÄSENS -	Wir singen. Wir erwachen.	PERFEKT -	Wir haben gesungen. Wir sind erwacht.
PRÄTERITUM -	Wir sangen. Wir erwachten.	PLUSQUAM-PERFEKT -	Wir hatten gesungen. Wir waren erwacht.
		FUTUR I -	Wir werden singen. Wir werden erwachen.
		FUTUR II -	Wir werden gesungen haben. Wir werden erwacht sein.

Achten Sie bei den zusammengesetzten Zeiten auf die Hilfsverben und deren Verwendung:

HABEN	SEIN
o bei transitiven* Verben. Beispiel: Wir haben eine Sprache gelernt. Du hast das Essen gekocht.	o bei intransitiven** Verben, die eine Zustandsveränderung ausdrücken. Beispiel: Wir sind aufgewacht. Die Tiere sind eingeschlafen.
o bei transitiv gebrauchten Verben und bei Verben der Bewegung, die eine Dauer ausdrücken. Beispiel: Er hat den Zahn gezogen. Er hat das Auto gefahren.	o bei Verben der Bewegung, die eine Ortsveränderung ausdrücken. Beispiel: Er ist aufs Land gezogen. Er ist im Auto nach Hause gefahren.
o bei reflexiven Verben. Beispiel: Wir haben uns gewaschen. Er freut sich.	o fast ausschließlich mit sein: laufen, rennen, schwimmen, springen
o bei intransitiven Verben, die einen Ablauf ausdrükken. Beispiel: Das Kind hat gefroren. Wir haben geschlafen.	o immer mit sein: sein, bleiben, gehen, reisen

* Transitive Verben	** Intransitive Verben
Sie haben ein direktes Objekt, d. h., sie zielen auf ein Objekt im Akkusativ (zielende Verben): Beispiel: Ich esse den Apfel. Dieses Akkusativobjekt kann zum Subjekt eines Passivsatzes werden, d. h., das Verb bildet ein persönliches Passiv: Beispiel: Der Apfel wird von mir gegessen.	Sie haben kein direktes Objekt: Beispiel: Der Vater schläft. Sie können daher auch kein persönliches, sondern nur ein unpersönliches Passiv bilden: Beispiel: Es wird geschlafen!

Tempora (Zeitformen) des Verbs und ihre Verwendung

Da weder die lateinischen Ausdrücke für die einzelnen Zeitformen (z. B. Präsens) noch die deutschen Begriffe (z. B. Gegenwart) klar und eindeutig beschreiben, wann und wofür diese Zeitformen benutzt werden, geben wir hier eine genaue Übersicht mit Beispielen:

PRÄSENS / Gegenwart		wird verwendet bei:
Wir leben (jetzt).	→	tatsächlichem Geschehen oder Zustand
Alles Leben kommt aus dem Wasser.	→	Aussagen, die andauernde Gültigkeit haben.
Sie lebt seit letztem Jahr hier.	→	Geschehen, das aus der Vergangenheit bis in die Gegenwart reicht.
Wir fahren in Urlaub und wandern vier Wochen durch das Land.	→	Geschehen, das von der Gegenwart in die Zukunft reicht.
Vor einer Woche stehe ich an der Ecke, da kracht es plötzlich!	→	und als Stilmittel, um Vergangenes lebendiger zu gestalten.

PERFEKT / vollendete Gegenwart		wird verwendet bei:
Er hat alles gegessen.	→	einer Handlung, die in der Gegenwart vollendet ist.
Sie haben vor acht Monaten das Haus verkauft.	→	einer Handlung, die in der Vergangenheit liegt.
Seit meinem 20. Lebensjahr habe ich trainiert (und tue es noch heute).	→	einem Geschehen, das aus der Vergangenheit bis in die Gegenwart reicht.
In acht Tagen haben wir alles erledigt.	→	einer Aussage, die die Vollendung eines Geschehens in der Zukunft vorwegnimmt.

PRÄTERITUM / Vergangenheit		wird verwendet bei:
Ich stieg in das Auto und fuhr los.	→	Erinnerungen, die ein Geschehen in der Vergangenheit aufzeigen (Bericht).
Wir konnten und durften es nicht. Sie war heute morgen hier. Du hattest kein Geld.	→	Hilfs- und Modalverben, die bevorzugt im Präteritum gebraucht werden.
Vor vielen, vielen Jahren gab es auf der Erde ...	→	Erzählungen, deren Gegenstände in der Vergangenheit liegen.

PLUSQUAMPERFEKT / vollendete Vergangenheit		wird verwendet bei:
Sie rief erst an, als wir längst die Hoffnung aufgegeben hatten.	→	der Wiedergabe eines abgeschlossenen Geschehens, bevor ein weiteres in der Vergangenheit beginnt.

FUTUR I / Zukunft		wird verwendet bei:
Sie werden den Garten pflegen.	→	einem Geschehen, das in der Zukunft liegt.
Er wird die Wahl wohl gewinnen.	→	einem angenommenen (befürchteten, erwarteten) Geschehen.
Daran wirst du dich nicht beteiligen!	→	einer befehlenden Aufforderung.

FUTUR II / vollendete Zukunft	wird verwendet bei:
Wir denken nicht gern daran, aber einmal werden wir gelebt haben.	→ einem Geschehen, das in der Zukunft abgeschlossen ist.
Damit werden sicher die Kinder gespielt haben.	→ einer (ungesicherten) Annahme.

Hinweis:

In den süddeutschen Mundarten (z. B. Fränkisch, Bairisch, Schwäbisch) ebenso wie in den österreichischen Mundarten und im Schwyzertütsch gibt es die Tempora Präteritum und Plusquamperfekt nicht mehr. Deswegen wird hier mit Hilfe von Perfekt und Präsens erzählt und Vergangenes berichtet. Einzige Ausnahme: die Präteritumform war, die man noch relativ häufig hört.
Das Plusquamperfekt ist aber auch in mittel- und norddeutschen Mundarten eine selgen gesprochene Form; es ist vor allem ein Instrument der präzisen und förmlichen Schriftsprache.

Quer durch alle Tempora gibt es zwei weitere Formensysteme des Verbs:

1. Die Handlungsformen

AKTIV (Tatform)	Ich lese das Gedicht. Wir erkennen das Urteil an. Der Wind weht. Wir denken nach.
PASSIV (Leideform)	Das Gedicht wird (von mir) gelesen. Das Urteil wird (von uns) anerkannt. --- Es wird nachgedacht.

2. Die Aussageweisen (Modi)

INDIKATIV (Wirklichkeitsform)	Du sprichst schnell. Er kam gestern. Wir werden morgen abreisen.
KONJUNKTIV I (Möglichkeitsform)	
- erfüllbarer Wunsch:	Sag ihm, er möge noch bleiben.
- berichtete/indirekte Rede:	Er sagte, er werde gerne bleiben.
- Ausdruck einer Absicht:	Wir taten alles, damit er bleibe.
KONJUNKTIV II (Unwirklichkeitsform)	
- Annahme, ein Wunsch werde nicht erfüllt:	Bliebe er doch noch eine Weile!
- Erfüllung eines Wunsches ist unmöglich:	Er flöge zu dir, wenn er nur könnte.
- Aussage wird stark bezweifelt:	Es wird behauptet, die Katze hätte sieben Leben.
- berichtete/indirekte Rede, wenn die Konjunktiv I-Form des Verbs mit der Indikativ-Form gleich ist:	Du sagtest, ihr bliebt noch einen Tag. Wir dachten, wir bekämen Einzelzimmer. Man erzählt, sie hätten gehungert.
IMPERATIV (Aufforderungs-/Befehlsform)	Komm doch bitte mal vorbei. Trink aus! Gib her! Laß das!

Unregelmäßiges Vollverb	Konjugation von "sehen"			
INDIKATIV / AKTIV			INDIKATIV / PASSIV	
	Präsens	Perfekt	Präsens	Perfekt
ich	sehe	habe gesehen	werde gesehen	bin gesehen worden
du	siehst	hast gesehen	wirst gesehen	bist gesehen worden
er/sie/es	sieht	hat gesehen	wird gesehen	ist gesehen worden
wir	sehen	haben gesehen	werden gesehen	sind gesehen worden
ihr	seht	habt gesehen	werdet gesehen	seid gesehen worden
sie	sehen	haben gesehen	werden gesehen	sind gesehen worden
	Präteritum	Plusquamperfekt	Präteritum	Plusquamperfekt
ich	sah	hatte gesehen	wurde gesehen	war gesehen worden
du	sahst	hattest gesehen	wurdest gesehen	warst gesehen worden
er/sie/es	sah	hatte gesehen	wurde gesehen	war gesehen worden
wir	sahen	hatten gesehen	wurden gesehen	waren gesehen worden
ihr	saht	hattet gesehen	wurdet gesehen	wart gesehen worden
sie	sahen	hatten gesehen	wurden gesehen	waren gesehen worden
	Futur I	Futur II	Futur I	Futur II
ich	werde sehen	werde gesehen haben	werde gesehen werden	werde gesehen worden sein
du	wirst sehen	wirst gesehen haben	wirst gesehen werden	wirst gesehen worden sein
er/sie/es	wird sehen	wird gesehen haben	wird gesehen werden	wird gesehen worden sein
wir	werden sehen	werden gesehen haben	werden gesehen werden	werden gesehen worden sein
ihr	werdet sehen	werdet gesehen haben	werdet gesehen werden	werdet gesehen worden sein
sie	werden sehen	werden gesehen haben	werden gesehen werden	werden gesehen worden sein
Infinitiv:	sehen (Präsens)		Infinitiv:	gesehen werden (Perfekt)
Partizip Präsens:	sehend		Partizip Perfekt:	gesehen
Imperativ:	sieh! siehe! seht! sehen Sie!			

Unregelmäßiges Vollverb	Konjugation von "sehen"			
KONJUNKTIV / AKTIV			KONJUNKTIV / PASSIV	
	Präsens	Perfekt	Präsens	Perfekt
ich	sehe	habe gesehen	werde gesehen	sei gesehen worden
du	sehest	habest gesehen	werdest gesehen	sei(e)st gesehen worden
er/sie/es	sehe	habe gesehen	werde gesehen	sei gesehen worden
wir	sehen	haben gesehen	werden gesehen	seien gesehen worden
ihr	sehet	habet gesehen	werdet gesehen	seiet gesehen worden
sie	sehen	haben gesehen	werden gesehen	seien gesehen worden
	Präteritum	Plusquamperfekt	Präteritum	Plusquamperfekt
ich	sähe	hätte gesehen	würde gesehen	wäre gesehen worden
du	sähest	hättest gesehen	würdest gesehen	wär(e)st gesehen worden
er/sie/es	sähe	hätte gesehen	würde gesehen	wäre gesehen worden
wir	sähen	hätten gesehen	würden gesehen	wären gesehen worden
ihr	sähet	hättet gesehen	würdet gesehen	wär(e)t gesehen worden
sie	sähen	hätten gesehen	würden gesehen	wären gesehen worden
	Futur I	Futur II	Futur I	Futur II
ich	werde sehen	werde gesehen haben	werde gesehen werden	werde gesehen worden sein
du	werdest sehen	werdest gesehen haben	werdest gesehen werden	werdest gesehen worden sein
er/sie/es	werde sehen	werde gesehen haben	werde gesehen werden	werde gesehen worden sein
wir	werden sehen	werden gesehen haben	werden gesehen werden	werden gesehen worden sein
ihr	werdet sehen	werdet gesehen haben	werdet gesehen werden	werdet gesehen worden sein
sie	werden sehen	werden gesehen haben	werden gesehen werden	werden gesehen worden sein

Regelmäßiges Vollverb		Konjugation von "brauchen"*		
	INDIKATIV / AKTIV		KONJUNKTIV / AKTIV	
	Präsens	Perfekt	Präsens	Perfekt
ich	brauche	habe gebraucht	brauche	habe gebraucht
du	brauchst	hast gebraucht	brauchest	habest gebraucht
er/sie/es	braucht	hat gebraucht	brauche	habe gebraucht
wir	wir brauchen	haben gebraucht	brauchen	haben gebraucht
ihr	braucht	habt gebraucht	brauchet	habet gebraucht
sie	brauchen	haben gebraucht	brauchen	haben gebraucht
	Präteritum	Plusquamperfekt	Präteritum	Plusquamperfekt
ich	brauchte	hatte gebraucht	brauchte	hätte gebraucht
du	brauchtest	hattest gebraucht	brauchtest	hättest gebraucht
er/sie/es	brauchte	hatte gebraucht	brauchte	hätte gebraucht
wir	brauchten	hatten gebraucht	brauchten	hätten gebraucht
ihr	brauchtet	hattet gebraucht	brauchtet	hättet gebraucht
sie	brauchten	hatten gebraucht	brauchten	hätten gebraucht
	Futur I	Futur II	Futur I	Futur II
ich	werde brauchen	werde gebraucht haben	werde brauchen	werde gebraucht haben
du	wirst brauchen	wirst gebraucht haben	werdest brauchen	werdest gebraucht haben
er/sie/es	wird brauchen	wird gebraucht haben	werde brauchen	werde gebraucht haben
wir	werden brauchen	werden gebraucht haben	werden brauchen	werden gebraucht haben
ihr	werdet brauchen	werdet gebraucht haben	werdet brauchen	werdet gebraucht haben
sie	werden brauchen	werden gebraucht haben	werden brauchen	werden gebraucht haben
Infinitiv:	brauchen (Präsens)		Infinitiv:	gebraucht haben (Perfekt)
Partizip Präsens:	brauchend		Partizip Perfekt:	gebraucht
Imperativ:	brauch(e)! braucht! brauchen Sie!			

* Zum regelmäßigen Vollverb "brauchen" sind die Passiv-Formen nicht angegeben, weil sie ganz entsprechend wie die von "sehen" (S. 80) gebildet werden.

Hilfsverb		Konjugation von "sein"		
	INDIKATIV		KONJUNKTIV	
	Präsens	Perfekt	Präsens	Perfekt
ich	bin	bin gewesen	sei	sei gewesen
du	bist	bist gewesen	sei(e)st	sei(e)st gewesen
er/sie/es	ist	ist gewesen	sei	sei gewesen
wir	sind	sind gewesen	seien	seien gewesen
ihr	seid	seid gewesen	seiet	seiet gewesen
sie	sind	sind gewesen	seien	seien gewesen
	Präteritum	Plusquamperfekt	Präteritum	Plusquamperfekt
ich	war	war gewesen	wäre	wäre gewesen
du	warst	warst gewesen	wär(e)st	wär(e)st gewesen
er/sie/es	war	war gewesen	wäre	wäre gewesen
wir	waren	waren gewesen	wären	wären gewesen
ihr	wart	wart gewesen	wär(e)t	wär(e)t gewesen
sie	waren	waren gewesen	wären	wären gewesen
	Futur I	FUTUR II	FUTUR I	FUTUR II
ich	werde sein	werde gewesen sein	werde sein	werde gewesen sein
du	wirst sein	wirst gewesen sein	werdest sein	werdest gewesen sein
er/sie/es	wird sein	wird gewesen sein	werde sein	werde gewesen sein
wir	werden sein	werden gewesen sein	werden sein	werden gewesen sein
ihr	werdet sein	werdet gewesen sein	werdet sein	werdet gewesen sein
sie	werden sein	werden gewesen sein	werden sein	werden gewesen sein
Infinitiv:	sein (Präsens)		Infinitiv:	gewesen sein (Perfekt)
Partizip Präsens:	seiend		Partizip Perfekt:	gewesen
Imperativ:	sei! seid! seien Sie!			

Hilfsverb	Konjugation von "haben"			
	INDIKATIV		KONJUNKTIV	
	Präsens	Perfekt	Präsens	Perfekt
ich	habe	habe gehabt	habe	habe gehabt
du	hast	hast gehabt	habest	habest gehabt
er/sie/es	hat	hat gehabt	habe	habe gehabt
wir	haben	haben gehabt	haben	haben gehabt
ihr	habt	habt gehabt	habet	habet gehabt
sie	haben	haben gehabt	haben	haben gehabt
	Präteritum	Plusquamperfekt	Präteritum	Plusquamperfekt
ich	hatte	hatte gehabt	hätte	hätte gehabt
du	hattest	hattest gehabt	hättest	hättest gehabt
er/sie/es	hatte	hatte gehabt	hätte	hätte gehabt
wir	hatten	hatten gehabt	hätten	hätten gehabt
ihr	hattet	hattet gehabt	hättet	hättet gehabt
sie	hatten	hatten gehabt	hätten	hätten gehabt
	Futur I	Futur II	Futur I	Futur II
ich	werde haben	werde gehabt haben	werde haben	werde gehabt haben
du	wirst haben	wirst gehabt haben	werdest haben	werdest gehabt haben
er/sie/es	wird haben	wird gehabt haben	werde haben	werde gehabt haben
wir	werden haben	werden gehabt haben	werden haben	werden gehabt haben
ihr	werdet haben	werdet gehabt haben	werdet haben	werdet gehabt haben
sie	werden haben	werden gehabt haben	werden haben	werden gehabt haben
Infinitiv:	haben (Präsens)		Infinitiv:	gehabt haben (Perfekt)
Partizip Präsens:	habend		Partizip Perfekt:	gehabt
Imperativ:	hab'!/habe! habt! haben Sie!			

Hilfsverb	Konjugation von "werden"			
	INDIKATIV		KONJUNKTIV	
	Präsens	Perfekt	Präsens	Perfekt
ich	werde	bin (ge)worden*	werde	sei (ge)worden
du	wirst	bist (ge)worden	werdest	sei(e)st (ge)worden
er/sie/es	wird	ist (ge)worden	werde	sei (ge)worden
wir	werden	sind (ge)worden	werden	seien (ge)worden
ihr	werdet	seid (ge)worden	werdet	seiet (ge)worden
sie	werden	sind (ge)worden	werden	seien (ge)worden
	Präteritum	Plusquamperfekt	Präteritum	Plusquamperfekt
ich	wurde	war (ge)worden	würde	wäre (ge)worden
du	wurdest	warst (ge)worden	würdest	wär(e)st (ge)worden
er/sie/es	wurde	war (ge)worden	würde	wäre (ge)worden
wir	wurden	waren (ge)worden	würden	wären (ge)worden
ihr	wurdet	wart (ge)worden	würdet	wär(e)t (ge)worden
sie	wurden	waren (ge)worden	würden	wären (ge)worden
	Futur I	Futur II	Futur I	Futur II
ich	werde werden	werde (ge)worden sein	werde werden	werde (ge)worden sein
du	wirst werden	wirst (ge)worden sein	werdest werden	werdest (ge)worden sein
er/sie/es	wird werden	wird (ge)worden sein	werde werden	werde (ge)worden sein
wir	werden werden	werden (ge)worden sein	werden werden	werden (ge)worden sein
ihr	werdet werden	werdet (ge)worden sein	werdet werden	werdet (ge)worden sein
sie	werden werden	werden (ge)worden sein	werden werden	werden (ge)worden sein
Infinitiv:	werden (Präsens)		Infinitiv:	geworden sein (Perfekt) worden sein
Partizip Präsens:	werdend		Partizip Perfekt:	geworden worden
Imperativ:	werde! werdet! werden Sie!			

* Er ist Vater geworden.
Die Nachricht ist ihm übermittelt worden.

Modalverb	Konjugation von "mögen"			
	INDIKATIV		KONJUNKTIV	
	Präsens	Perfekt	Präsens	Perfekt
ich	mag	habe gemocht/mögen*	möge	habe gemocht/mögen
du	magst	hast gemocht/mögen	mögest	habest gemocht/mögen
er/sie/es	mag	hat gemocht/mögen	möge	habe gemocht/mögen
wir	mögen	haben gemocht/mögen	mögen	haben gemocht/mögen
ihr	mögt	habt gemocht/mögen	möget	habet gemocht/mögen
sie	mögen	haben gemocht/mögen	mögen	haben gemocht/mögen
	Präteritum	Plusquamperfekt	Präteritum	Plusquamperfekt
ich	mochte	hatte gemocht/mögen	möchte	hätte gemocht/mögen
du	mochtest	hattest gemocht/mögen	möchtest	hättest gemocht/mögen
er/sie/es	mochte	hatte gemocht/mögen	möchte	hätte gemocht/mögen
wir	mochten	hatten gemocht/mögen	möchten	hätten gemocht/mögen
ihr	mochtet	hattet gemocht/mögen	möchtet	hättet gemocht/mögen
sie	mochten	hatten gemocht/mögen	möchten	hätten gemocht/mögen
	Futur I	Futur II	Futur I	Futur II
ich	werde mögen	werde gemocht haben	werde mögen	werde gemocht haben
du	wirst mögen	wirst gemocht haben	werdest mögen	werdest gemocht haben
er/sie/es	wird mögen	wird gemocht haben	werde mögen	werde gemocht haben
wir	werden mögen	werden gemocht haben	werden mögen	werden gemocht haben
ihr	werdet mögen	werdet gemocht haben	werdet mögen	werdet gemocht haben
sie	werden mögen	werden gemocht haben	werden mögen	werden gemocht haben

Infinitiv: mögen (Präsens)
Partizip Präsens: mögend
Imperativ: ---

Infinitiv: gemocht haben (Perfekt)
Partizip Perfekt: gemocht
mögen

*Ich habe es gemocht.
Ich habe es tun mögen.

Modalverb	Konjugation von "sollen"			
	INDIKATIV		KONJUNKTIV	
	Präsens	Perfekt	Präsens	Perfekt
ich	soll	habe gesollt/sollen*	solle	habe gesollt/sollen
du	sollst	hast gesollt/sollen	sollest	habest gesollt/sollen
er/sie/es	soll	hat gesollt/sollen	solle	habe gesollt/sollen
wir	sollen	haben gesollt/sollen	sollen	haben gesollt/sollen
ihr	sollt	habt gesollt/sollen	sollet	habet gesollt/sollen
sie	sollen	haben gesollt/sollen	sollen	haben gesollt/sollen
	Präteritum	Plusquamperfekt	Präteritum	Plusquamperfekt
ich	sollte	hatte gesollt/sollen	sollte/würde sollen	hätte gesollt/sollen
du	solltest	hattest gesollt/sollen	solltest/würdest sollen	hättest gesollt/sollen
er/sie/es	sollte	hatte gesollt/sollen	sollte/würde sollen	hätte gesollt/sollen
wir	sollten	hatten gesollt/sollen	sollten/würden sollen	hätten gesollt/sollen
ihr	solltet	hattet gesollt/sollen	solltet/würdet sollen	hättet gesollt/sollen
sie	sollten	hatten gesollt/sollen	sollten/würden sollen	hätten gesollt/sollen
	Futur I	Futur II	Futur I	Futur II
ich	werde sollen	werde gesollt haben	werde sollen	werde gesollt haben
du	wirst sollen	wirst gesollt haben	werdest sollen	werdest gesollt haben
er/sie/es	wird sollen	wird gesollt haben	werde sollen	werde gesollt haben
wir	werden sollen	werden gesollt haben	werden sollen	werden gesollt haben
ihr	werdet sollen	werdet gesollt haben	werdet sollen	werdet gesollt haben
sie	werden sollen	werden gesollt haben	werden sollen	werden gesollt haben

Infinitiv: sollen (Präsens)
Partizip Präsens: sollend
Imperativ: ---

Infinitiv: gesollt haben (Perfekt)
Partizip Perfekt: gesollt
sollen

*Ich habe es gesollt.
Ich habe es tun sollen.

Modalverb	Konjugation von "müssen"			
	INDIKATIV		KONJUNKTIV	
	Präsens	Perfekt	Präsens	Perfekt
ich	muß	habe gemußt/müssen*	müsse	habe gemußt/müssen
du	mußt	hast gemußt/müssen	müssest	habest gemußt/müssen
er/sie/es	muß	hat gemußt/müssen	müsse	habe gemußt/müssen
wir	müssen	haben gemußt/müssen	müssen	haben gemußt/müssen
ihr	müßt	habt gemußt/müssen	müsset	habet gemußt/müssen
sie	müssen	haben gemußt/müssen	müssen	haben gemußt/müssen
	Präteritum	Plusquamperfekt	Präteritum	Plusquamperfekt
ich	mußte	hatte gemußt/müssen	müßte	hätte gemußt/müssen
du	mußtest	hattest gemußt/müssen	müßtest	hättest gemußt/müssen
er/sie/es	mußte	hatte gemußt/müssen	müßte	hätte gemußt/müssen
wir	mußten	hatten gemußt/müssen	müßten	hätten gemußt/müssen
ihr	mußtet	hattet gemußt/müssen	müßtet	hättet gemußt/müssen
sie	mußten	hatten gemußt/müssen	müßten	hätten gemußt/müssen
	Futur I	Futur II	Futur I	Futur II
ich	werde müssen	werde gemußt haben	werde müssen	werde gemußt haben
du	wirst müssen	wirst gemußt haben	werdest müssen	werdest gemußt haben
er/sie/es	wird müssen	wird gemußt haben	werde müssen	werde gemußt haben
wir	werden müssen	werden gemußt haben	werden müssen	werden gemußt haben
ihr	werdet müssen	werdet gemußt haben	werdet müssen	werdet gemußt haben
sie	werden müssen	werden gemußt haben	werden müssen	werden gemußt haben
Infinitiv:	müssen (Präsens)		Infinitiv:	gemußt haben (Perfekt)
Partizip Präsens:	müssend		Partizip Perfekt:	gemußt müssen
Imperativ:	---			

*Ich habe es gemußt.
Ich habe es tun müssen.

Modalverb	Konjugation von "können"			
	INDIKATIV		KONJUNKTIV	
	Präsens	Perfekt	Präsens	Perfekt
ich	kann	habe gekonnt/können*	könne	habe gekonnt/können
du	kannst	hast gekonnt/können	könnest	habest gekonnt/können
er/sie/es	kann	hat gekonnt/können	könne	habe gekonnt/können
wir	können	haben gekonnt/können	können	haben gekonnt/können
ihr	könnt	habt gekonnt/können	könnet	habet gekonnt/können
sie	können	haben gekonnt/können	können	haben gekonnt/können
	Präteritum	Plusquamperfekt	Präteritum	Plusquamperfekt
ich	konnte	hatte gekonnt/können	könnte	hätte gekonnt/können
du	konntest	hattest gekonnt/können	könntest	hättest gekonnt/können
er/sie/es	konnte	hatte gekonnt/können	könnte	hätte gekonnt/können
wir	konnten	hatten gekonnt/können	könnten	hätten gekonnt/können
ihr	konntet	hattet gekonnt/können	könntet	hättet gekonnt/können
sie	konnten	hatten gekonnt/können	könnten	hätten gekonnt/können
	Futur I	Futur II	Futur I	Futur II
ich	werde können	werde gekonnt haben	werde können	werde gekonnt haben
du	wirst können	wirst gekonnt haben	werdest können	werdest gekonnt haben
er/sie/es	wird können	wird gekonnt haben	werde können	werde gekonnt haben
wir	werden können	werden gekonnt haben	werden können	werden gekonnt haben
ihr	werdet können	werdet gekonnt haben	werdet können	werdet gekonnt haben
sie	werden können	werden gekonnt haben	werden können	werden gekonnt haben
Infinitiv:	können (Präsens)		Infinitiv:	gekonnt haben (Perfekt)
Partizip Präsens:	könnend		Partizip Perfekt:	gekonnt können
Imperativ:	---			

*Ich habe es gekonnt.
Ich habe es tun können.

Modalverb — Konjugation von "wollen"

	INDIKATIV		KONJUNKTIV	
	Präsens	Perfekt	Präsens	Perfekt
ich	will	habe gewollt/wollen*	wolle	habe gewollt/wollen
du	willst	hast gewollt/wollen	wollest	habest gewollt/wollen
er/sie/es	will	hat gewollt/wollen	wolle	habe gewollt/wollen
wir	wollen	haben gewollt/wollen	wollen	haben gewollt/wollen
ihr	wollt	habt gewollt/wollen	wollet	habet gewollt/wollen
sie	wollen	haben gewollt/wollen	wollen	haben gewollt/wollen
	Präteritum	Plusquamperfekt	Präteritum	Plusquamperfekt
ich	wollte	hatte gewollt/wollen	wollte/würde wollen	hätte gewollt/wollen
du	wolltest	hattest gewollt/wollen	wolltest/würdest wollen	hättest gewollt/wollen
er/sie/es	wollte	hatte gewollt/wollen	wollte/würde wollen	hätte gewollt/wollen
wir	wollten	hatten gewollt/wollen	wollten/würden wollen	hätten gewollt/wollen
ihr	wolltet	hattet gewollt/wollen	wolltet/würdet wollen	hättet gewollt/wollen
sie	wollten	hatten gewollt/wollen	wollten/würden wollen	hätten gewollt/wollen
	Futur I	Futur II	Futur I	Futur II
ich	werde wollen	werde gewollt haben	werde wollen	werde gewollt haben
du	wirst wollen	wirst gewollt haben	werdest wollen	werdest gewollt haben
er/sie/es	wird wollen	wird gewollt haben	werde wollen	werde gewollt haben
wir	werden wollen	werden gewollt haben	werden wollen	werden gewollt haben
ihr	werdet wollen	werdet gewollt haben	werdet wollen	werdet gewollt haben
sie	werden wollen	werden gewollt haben	werden wollen	werden gewollt haben

Infinitiv: wollen (Präsens)
Partizip Präsens: wollend
Imperativ: ---

Infinitiv: gewollt haben (Perfekt)
Partizip Perfekt: gewollt
wollen

*Ich habe es gewollt.
Ich habe es tun wollen.

Modalverb — Konjugation von "dürfen"

	INDIKATIV		KONJUNKTIV	
	Präsens	Perfekt	Präsens	Perfekt
ich	darf	habe gedurft/dürfen*	dürfe	habe gedurft/dürfen
du	darfst	hast gedurft/dürfen	dürfest	habest gedurft/dürfen
er/sie/es	darf	hat gedurft/dürfen	dürfe	habe gedurft/dürfen
wir	dürfen	haben gedurft/dürfen	dürfen	haben gedurft/dürfen
ihr	dürft	habt gedurft/dürfen	dürfet	habet gedurft/dürfen
sie	dürfen	haben gedurft/dürfen	dürfen	haben gedurft/dürfen
	Präteritum	Plusquamperfekt	Präteritum	Plusquamperfekt
ich	durfte	hatte gedurft/dürfen	dürfte	hätte gedurft/dürfen
du	durftest	hattest gedurft/dürfen	dürftest	hättest gedurft/dürfen
er/sie/es	durfte	hatte gedurft/dürfen	dürfte	hätte gedurft/dürfen
wir	durften	hatten gedurft/dürfen	dürften	hätten gedurft/dürfen
ihr	durftet	hattet gedurft/dürfen	dürftet	hättet gedurft/dürfen
sie	durften	hatten gedurft/dürfen	dürften	hätten gedurft/dürfen
	Futur I	Futur II	Futur I	Futur II
ich	werde dürfen	werde gedurft haben	werde dürfen	werde gedurft haben
du	wirst dürfen	wirst gedurft haben	werdest dürfen	werdest gedurft haben
er/sie/es	wird dürfen	wird gedurft haben	werde dürfen	werde gedurft haben
wir	werden dürfen	werden gedurft haben	werden dürfen	werden gedurft haben
ihr	werdet dürfen	werdet gedurft haben	werdet dürfen	werdet gedurft haben
sie	werden dürfen	werden gedurft haben	werden dürfen	werden gedurft haben

Infinitiv: dürfen (Präsens)
Partizip Präsens: dürfend
Imperativ: ---

Infinitiv: gedurft haben (Perfekt)
Partizip Perfekt: gedurft
dürfen

*Ich habe es gedurft.
Ich habe es tun dürfen.

Modalverb	Konjugation von "lassen"			
	INDIKATIV		KONJUNKTIV	
	Präsens	Perfekt	Präsens	Perfekt
ich	lasse	habe gelassen/lassen*	lasse	habe gelassen/lassen
du	läßt	hast gelassen/lassen	lassest	habest gelassen/lassen
er/sie/es	läßt	hat gelassen/lassen	lasse	habe gelassen/lassen
wir	lassen	haben gelassen/lassen	lassen	haben gelassen/lassen
ihr	laßt	habt gelassen/lassen	lasset	habet gelassen/lassen
sie	lassen	haben gelassen/lassen	lassen	haben gelassen/lassen
	Präteritum	Plusquamperfekt	Präteritum	Plusquamperfekt
ich	ließ	hatte gelassen/lassen	ließe	hätte gelassen/lassen
du	ließt	hattest gelassen/lassen	ließest	hättest gelassen/lassen
er/sie/es	ließ	hatte gelassen/lassen	ließe	hätte gelassen/lassen
wir	ließen	hatten gelassen/lassen	ließen	hätten gelassen/lassen
ihr	ließt	hattet gelassen/lassen	ließ(e)t	hättet gelassen/lassen
sie	ließen	hatten gelassen/lassen	ließen	hätten gelassen/lassen
	Futur I	Futur II	Futur I	Futur II
ich	werde lassen	werde gelassen haben	werde lassen	werde gelassen haben
du	wirst lassen	wirst gelassen haben	werdest lassen	werdest gelassen haben
er/sie/es	wird lassen	wird gelassen haben	werde lassen	werde gelassen haben
wir	werden lassen	werden gelassen haben	werden lassen	werden gelassen haben
ihr	werdet lassen	werdet gelassen haben	werdet lassen	werdet gelassen haben
sie	werden lassen	werden gelassen haben	werden lassen	werden gelassen haben

Infinitiv: lassen (Präsens)

Partizip Präsens: lassend

Imperativ: laß!
laßt!
lassen Sie!

Infinitiv: gelassen haben (Perfekt)

Partizip Perfekt: gelassen
lassen

*Ich habe ihn in Ruhe gelassen.
Ich habe ihn schlafen lassen.

Liste von Verben mit unregelmäßiger oder schwankender Konjugation

Anmerkungen

- Verben, die Perfekt und Plusquamperfekt mit sein bilden, sind in der Tabelle mit s gekennzeichnet.
- Verben, die Perfekt und Plusquamperfekt mit sein oder haben bilden, sind in der Tabelle mit s/h gekennzeichnet. Zu beachten ist, daß Verb + sein den Ablauf eines Geschehens wiedergibt und kein Objekt im Akkusativ hat. Verb + haben gibt eine Handlung wieder, die zielend (transitiv) auf das Objekt im Akkusativ gerichtet ist.
- Verben, die sowohl unregelmäßig als auch regelmäßig konjugiert werden können, sind in der Tabelle mit beiden Möglichkeiten aufgeführt.
- Verben, die zwar denselben Infinitiv, aber unregelmäßig und regelmäßig konjugiert jeweils eine andere Bedeutung haben, sind in der Tabelle mit Beispielen aufgeführt und mit ! markiert.

INFINITIV	Präsens 2. Pers. Sing. (3. Pers. Sing.)	Präteritum 1. Pers. Sing.	Partizip Perfekt	Konjunktiv Präteritum 1. Pers. Sing.	Imperativ Sing. + Plur.
backen	bäckst	backte (buk)	gebacken	backte (büke)	back!/backt!
! Der Schnee	backt zusammen.	backte	gebackt	backte	
befehlen	befiehlst	befahl	befohlen	befähle	befiehl!/befehlt!
beginnen	beginnst	begann	begonnen	begänne	beginn!/beginnt!
beißen	beißt	biß	gebissen	bisse	beiß!/beißt!
bergen	birgst	barg	geborgen	bärge	birg!/bergt!
bersten	birst	barst	geborsten s	bärste	
bewegen	bewegst	bewog	bewogen	bewöge	beweg!/bewegt!
		Er bewog mich, es zu tun.			
bewegen	bewegst	! bewegte	bewegt	bewegte	beweg!/bewegt!
		Er bewegte den Kopf.			
biegen	biegst	bog	gebogen s/h	böge	bieg!/biegt!
			Er hat das Eisen gebogen.		
			Er ist um das Haus gebogen.		
bieten	bietest	bot	geboten	böte	biete!/bietet!
binden	bindest	band	gebunden s/h	bände	binde!/bindet!
			Er hat den Kranz gebunden.		
			Er ist an die Abmachung gebunden.		
bitten	bittest	bat	gebeten	bäte	bitte!/bittet!
blasen	bläst	blies	geblasen	bliese	blas!/blast!
bleiben	bleibst	blieb	geblieben s	bliebe	bleib!/bleibt
- bleichen	- bleichst	- blich	- blichen s	- bliche	bleich!/bleicht!
			Die Wäsche ist verblichen.		
bleichen	bleichst	! bleichte	gebleicht	bleichte	bleich!/bleicht!
			Die Sonne hat die Wäsche gebleicht.		
braten	brätst	briet	gebraten	briete	brate!/bratet!
brechen	brichst	brach	gebrochen s/h	bräche	brich!/brecht!
			Er hat den Zweig gebrochen.		
			Das Eis ist gebrochen.		
brennen	brennst	brannte	gebrannt	brennte/brännte	brenn!/brennt!
bringen	bringst	brachte	gebracht	brächte	bring!/bringt!
denken	denkst	dachte	gedacht	dächte	denk!/denkt!
dingen	dingst	dingte	gedungen	dingte	
dreschen	drischst	drosch	gedroschen	drösche	drisch!/drescht!
dringen	dringst	drang	gedrungen s/h	dränge	dring!/dringt!
			Er hat auf Ersatz gedrungen.		
			Er ist ins Schloß gedrungen.		
drängen	drängst	! drängte	gedrängt	drängte	dräng!/drängt!
		Er drängte mich, alles zu bezahlen.			
dünken	deucht/dünkt	dünkte	gedünkt	deuchte/dünkte	
dürfen	darfst	durfte	gedurft/dürfen	dürfte	
			Er hat es gedurft.		
			Er hat es singen dürfen.		
empfehlen	empfiehlst	empfahl	empfohlen	empföhle	empfiehl!/empfehlt!

INFINITIV	Präsens 2. Pers. Sing. (3. Pers. Sing.)	Präteritum 1. Pers. Sing.	Partizip Perfekt	Konjunktiv Präteritum 1. Pers. Sing.	Imperativ Sing. + Plur.
erlöschen	erlischst	erlosch	erloschen s	erlöschte	erlisch!/erlöscht!
		Die Flamme erlosch.			
löschen	! löschst	löschte	gelöscht	löschte	lösch!/löscht!
		Er löschte die Flammen.			
erschallen	erschallst	erscholl/erschallte	erschollen/ erschallt s	erschölle/ erschallte	erschalle!/erschallt!
erschrecken	erschrickst	erschrak	erschrocken s	erschräke	erschrick!/erschreckt!
		Er erschrak.	Er ist erschrocken.		
erschrecken	! erschreckst	erschreckte	erschreckt	erschreckte	erschreck!/erschreckt!
		Er erschreckte sie.	Der Hund hat die Frau erschreckt.		
ertrinken	ertrinkst	ertrank	ertrunken s	ertränke	(ertrink!/ertrinkt!)
		Er ertrank beim Baden.			
! ertränken	ertränkst	ertränkte	ertränkt	ertränkte	ertränk!/ertränkt!
		Er ertränkte sich.			
essen	ißt	aß	gegessen	äße	iß!/eßt!
fahren	fährst	fuhr	gefahren s/h	führe	fahr!/fahrt!
			Er ist im Zug gefahren.		
			Er hat das Auto gefahren.		
fallen	fällst	fiel	gefallen s	fiele	fall!/fallt!
fangen	fängst	fing	gefangen	finge	fang!/fangt!
fechten	fich(t)st	focht	gefochten	föchte	ficht!/fechtet!
finden	findest	fand	gefunden	fände	finde(e)!/findet!
flechten	flich(t)st	flocht	geflochten	flöchte	flicht!/flechtet!
fliegen	fliegst	flog	geflogen s/h	flöge	flieg!/fliegt!
fliehen	fliehst	floh	geflohen s	flöhe	flieh!/flieht!
fließen	fließt	floß	geflossen s	flösse	(fließ!/fließt!)
fressen	frißt	fraß	gefressen	fräße	friß!/freßt!
frieren	frierst	fror	gefroren	fröre	(frier!/friert!)
gären	gärst	gor	gegoren s	göre	gäre!/gärt!
			Der Saft ist gegoren.		
gären	gärst	! gärte	gegärt	gärte	
			Es hat in ihm gegärt.		
gebären	gebärst	gebar	geboren	gebäre s/h	
			Sie hat ein Kind geboren.		
			Das Kind ist geboren.		
geben	gibst	gab	gegeben	gäbe	gib!/gebt!
gedeihen	gedeihst	gedieh	gediehen s	gediehe	gedeih!/gedeiht!
gehen	gehst	ging	gegangen s	ginge	geh!/geht!
gelingen	es gelingt	gelang	gelungen s	gelänge	gelinge!/gelingt!
gelten	giltst	galt	gegolten s	gölte/gälte	
genesen	genest	genas	genesen s	genäse	(genese!/genest!)
genießen	genießt	genoß	genossen	genösse	genieß!/genießt!
geschehen	es geschieht	geschah	geschehen s	geschähe	geschieh!/gescheht!
gewinnen	gewinnst	gewann	gewonnen	gewönne/gewänne	gewinn!/gewinnt!
gießen	gießt	goß	gegossen	gösse	gieß/gießt!
gleichen	gleichst	glich	geglichen	gliche	(gleiche!/gleicht!)
gleiten	gleitest	glitt	geglitten s	glitte	gleite!/gleitet!
glimmen	glimmst	glomm/glimmte	geglommen/ geglimmt	glömme/glimmte	
graben	gräbst	grub	gegraben	grübe	grab!/grabt!
greifen	greifst	griff	gegriffen	griffe	greif!/greift!
halten	hältst	hielt	gehalten	hielte	halt(e)!/haltet!
hängen	hängst	hing	gehangen	hinge	häng!/hängt!
		Der Fisch hing an der Angel.			
hängen	hängst	! hängte	gehängt	hängte	häng!/hängt!
		Ich hängte das Kleid in den Schrank.			
hauen	haust	hieb/haute	gehauen/gehaut	hiebe/haute	hau!/haut!
	du haust ab	! er haute ab	er ist abgehauen s	haute er doch ab!	hau ab!/haut ab!
heben	hebst	hob	gehoben	höbe	heb!/hebt!
heißen	heißt	hieß	geheißen/heißen	hieße	heiß!/heißt!
			Sie hat Müller geheißen.		
			Er hat mich kommen heißen.		
helfen	hilfst	half	geholfen/helfen	hülfe	hilf!/helft!
			Sie hat uns geholfen.		
			Sie hat mir lesen helfen.		
kennen	kennst	kannte	gekannt	kennte	(kenne!/kennt!)
klimmen	klimmst	klomm/klimmte	geklommen/ge- klimmt s	klömme/klimmte	klimm!/klimmt!

INFINITIV	Präsens 2. Pers. Sing. (3. Pers. Sing.)	Präteritum 1. Pers. Sing.	Partizip Perfekt	Konjunktiv Präteritum 1. Pers. Sing.	Imperativ Sing. + Plur.
klingen	klingst	klang	geklungen	klänge	(klinge!/klingt!)
kneifen	kneifst	kniff	gekniffen	kniffe	kneif!/kneift!
kommen	kommst	kam	gekommen s	käme	komm!/kommt!
können	kannst	konnte	gekonnt/können	könnte	
			Sie hat es wirklich gekonnt.		
			Sie hat wirklich singen können.		
kriechen	kriechst	kroch	gekrochen s	kröche	kriech!/kriecht!
küren	kürst	kürte	gekürt	kürte	küre!/kürt!
laden	lädst	lud	geladen	lüde	lade!/ladet!
lassen	läßt	ließ	gelassen/lassen	ließe	laß!/laßt!
			Er hat es nie gelassen.		
			Er hat es nie aufschreiben lassen.		
laufen	läufst	lief	gelaufen s	liefe	lauf!/lauft!
leiden	leidest	litt	gelitten	litte	leide!/leidet!
leihen	leihst	lieh	geliehen	liehe	leih!/leiht!
lesen	liest	las	gelesen	läse	lies!/lest!
liegen	liegst	lag	gelegen s	läge	(lieg!/liegt!)
		Er lag im Bett.			
! legen	legst	legte	gelegt	legte	leg!/legt!
		Er legte sich ins Bett.			
lügen	lügst	log	gelogen	löge	lüg(e)!/lügt!
mahlen	mahlst	mahlte	gemahlen	mahlte	mahl!/mahlt!
		Er mahlte das Korn.			
! malen	malst	malte	gemalt	malte	mal!/malt!
		Er malte das Bild.			
meiden	meidest	mied	gemieden	miede	meide!/meidet!
melken	melkst (milkst)	melkte (molk)	gemolken/gemelkt	melkte	melke! (milk!) /melkt!
messen	mißt	maß	gemessen	mäße	miß!/meßt!
mißlingen	es mißlingt	mißlang	mißlungen s	mißlänge	
mögen	magst	mochte	gemocht/mögen	möchte	
			Er hat die Suppe nicht gemocht.		
			Er hat nicht essen mögen.		
müssen	mußt	mußte	gemußt/müssen	müßte	
			Er hat es immer gemußt.		
			Er hat es tun müssen.		
nehmen	nimmst	nahm	genommen	nähme	nimm!/nehmt!
nennen	nennst	nannte	genannt	nennte	nenn!/nennt!
pfeifen	pfeifst	pfiff	gepfiffen	pfiffe	pfeif!/pfeift!
pflegen	pflegst	pflegte	gepflegt	pflegte	pfleg!/pflegt!
		Er pflegte zu malen. (d. h., etwas regelmäßig tun)			
		Sie pflegten den Garten. (d. h., sich kümmern um)			
preisen	preist	pries	gepriesen	priese	preis(e)!/preist!
quellen	quillst	quoll	gequollen s	quölle	
		Das Wasser quoll.			
quellen	! quellst	quellte	gequellt	quellte	quell!/quellt!
		Er quellte das Gemüse.			
raten	rätst	riet	geraten	riete	rate!/ratet!
reiben	reibst	rieb	gerieben	riebe	reib!/reibt!
reißen	reißt	riß	gerissen s/h	risse	reiß!reißt!
reiten	reitest	ritt	geritten s/h	ritte	reite!/reitet!
rennen	rennst	rannte	gerannt s	rennte/rännte	renn!/rennt!
riechen	riechst	roch	gerochen	röche	riech!/riecht!
ringen	ringst	rang	gerungen	ränge	ring!/ringt!
rinnen	es rinnt	rann	geronnen s	ränne/rönne	(rinne!/rinnt!)
rufen	rufst	rief	gerufen	riefe	ruf!/ruft!
salzen	salzt	salzte	gesalzt/gesalzen	salzte	salze!/salzt!
saufen	säufst	soff	gesoffen	söffe	sauf!/sauft!
saugen	saugst	sog/saugte	gesogen/gesaugt	söge/saugte	saug!/saugt!
schaffen	schaffst	schuf	geschaffen	schüfe	schaff(e)!/schafft!
		Er schuf sein Lebenswerk.			
schaffen	schaffst	! schaffte	geschafft	schaffte	schaff!/schafft!
		Er schaffte die Aufgabe.			
schallen	schallst	schallte	geschallt	schallte	schall!/schallt!
scheiden	scheidest	schied	geschieden	schiede	scheide!/scheidet!
scheinen	scheinst	schien	geschienen	schiene	schein!/scheint!
scheißen	scheißt	schiß	geschissen	schisse	scheiß!/scheißt!
schelten	schiltst	schalt	gescholten	schölte	schilt!/scheltet!

INFINITIV	Präsens 2. Pers. Sing. (3. Pers. Sing.)	Präteritum 1. Pers. Sing.	Partizip Perfekt	Konjunktiv Präteritum 1. Pers. Sing.	Imperativ Sing. + Plur.
scheren	scherst	schor	geschoren	schöre	scher!/schert!
		Er schor die Schafe.			
scheren	scherst	! scherte	geschert	scherte	scher!/schert!
		Er scherte sich um nichts.			
schieben	schiebst	schob	geschoben	schöbe	schieb!/schiebt!
schießen	schießt	schoß	geschossen	schösse	schieß!schießt!
schinden	schindest	schund	geschunden	schünde	schinde!/schindet!
schlafen	schläfst	schlief	geschlafen	schliefe	schlaf!/schlaft!
schlagen	schlägst	schlug	geschlagen	schlüge	schlag!/schlagt!
schleichen	schleichst	schlich	geschlichen s	schliche	schleich!/schleicht!
schleifen	schleifst	schliff	geschliffen	schliffe	schleif!/schleift!
		Er schliff die Messerklinge.			
schleifen	schleifst	! schleifte	geschleift	schleifte	
		Das Rad schleifte während der Fahrt.			
schließen	schließt	schloß	geschlossen	schlösse	schließ!/schließt!
schlingen	schlingst	schlang	geschlungen	schlänge	schling!/schlingt!
schmeißen	schmeißt	schmiß	geschmissen	schmisse	schmeiß!/schmeißt!
schmelzen	schmilzt	schmolz	geschmolzen s/h	schmölze	schmilz!/schmelzt!
			Das Eis ist geschmolzen.		
			Die Sonne hat das Eis geschmolzen.		
schnauben	schnaubst	schnaubte (schnob)	geschnaubt (geschnoben)	schnaubte (schnöbe)	schnaub!/schnaubt!
schneiden	schneidest	schnitt	geschnitten	schnitte	schneide!/schneidet!
schreiben	schreibst	schrieb	geschrieben	schriebe	schreib!/schreibt!
schreien	schreist	schrie	geschrien	schriee	schrei!/schreit!
schreiten	schreitest	schritt	geschritten s	schritte	schreite!/schreitet!
schweigen	schweigst	schwieg	geschwiegen	schwiege	schweig!/schweigt!
schwellen	schwillst	schwoll	geschwollen s	schwölle	(schwill!/schwellt!)
		Der Finger schwoll.			
schwellen	! schwellst	schwellte	geschwellt	schwellte	
		Der Druck schwellte den Ballon.			
schwimmen	schwimmst	schwamm	geschwommen s/h	schwömme/schwämme	schwimm!/schwimmt!
schwinden	schwindest	schwand	geschwunden s	schwände	schwinde!/schwindet!
schwingen	schwingst	schwang	geschwungen	schwänge	schwing!/schwingt!
schwören	schwörst	schwor	geschworen	schwüre	schwöre!/schwört!
sehen	siehst	sah	gesehen	sähe	sieh!/seht!
sein	bin, bist, ist sind, seid, sind	war	gewesen s	wäre	sei!/seid!
senden	sendest	sandte	gesandt	sendete	sende!/sendet!
		Er sandte den Brief per Post.			
senden	sendest	! sendete	gesendet	sendete	sende!/sendet!
		Das Radio sendete Nachrichten.			
sieden	siedest	siedete	gesiedet s/h (gesotten)	siedete (sötte)	siede!/siedet!
singen	singst	sang	gesungen	sänge	sing!/singt!
sinken	sinkst	sank	gesunken s	sänke	sink!/sinkt!
sinnen	sinnst	sann	gesonnen/gesinnt	sonne/sänne	sinne!/sinnt!
			Sie hat stundenlang gesonnen.		
			! Wir sind froh gesinnt. = Wir sind frohen Sinnes.		
sitzen	sitzt	saß	gesessen	säße	sitz!/sitzt!
		Er saß auf dem Stuhl.			
! setzen	setzt	setzte	gesetzt	setzte	setz!/setzt!
		Er setzte sich auf den Stuhl.			
sollen	sollst	sollte	gesollt/sollen	sollte	
			Er hat es gesollt.		
			Er hat es tun sollen.		
spalten	spaltest	spaltete	gespalten/gespaltet	spaltete	spalte!/spaltet!
speien	speist	spie	gespien	spiee	spei!/speit!
spinnen	spinnst	spann	gesponnen	spönne/spänne	spinn!/spinnt!
spleißen	spleißt	spliß	gesplissen	splisse	spleiß!/spleißt!
sprechen	sprichst	sprach	gesprochen	spräche	sprich!/sprecht!
sprießen	sprießt	sproß	gesprossen s	sprösse	sprieße!/sprießt!
springen	springst	sprang	gesprungen s	spränge	spring!/springt!
stechen	stichst	stach	gestochen	stäche	stich!/stecht!
stecken	steckst	stak/steckte	gesteckt	stäke	steck!/steckt!
		Er stak/steckte in der Klemme.			
		! Er steckte die Nadel an.			

INFINITIV	Präsens 2. Pers. Sing. (3. Pers. Sing.)		Präteritum 1. Pers. Sing.	Partizip Perfekt	Konjunktiv Präteritum 1. Pers. Sing.	Imperativ Sing. + Plur.
stehen	stehst		stand	gestanden	stünde/stände	steh!/steht!
stehlen	stiehlst		stahl	gestohlen	stähle	stiehl!/stehlt!
steigen	steigst		stieg	gestiegen s	stiege	steig!/steigt!
sterben	stirbst		starb	gestorben s	stürbe	stirb!/sterbt!
stieben	stiebst		stob/stiebte	gestoben/ge-stiebt	stöbe/stiebte	stieb!/stiebt!
stinken	stinkst		stank	gestunken	stänke	stink!/stinkt!
stoßen	stößt		stieß	gestoßen	stieße	stoß!/stoßt!
streichen	streichst		strich	gestrichen s/h	striche	streich!/streicht!
streiten	streitest		stritt	gestritten	stritte	streite!/streitet!
tragen	trägst		trug	getragen	trüge	trag!/tragt!
treffen	triffst		traf	getroffen	träfe	triff!/trefft!
treiben	treibst		trieb	getrieben s/h	triebe	treib!/treibt!
treten	trittst		trat	getreten s/h	träte	tritt!/tretet!
triefen	triefst		troff/triefte	getroffen/ge-trieft	tröffe/triefte	(trief!/trieft!)
trinken	trinkst		trank	getrunken	tränke	trink!/trinkt!
trügen	trügst		trog	getrogen	tröge	trüge!/trügt!
tun	tust		tat	getan	täte	tu!/tut!
verbieten	verbietest		verbot	verboten	verböte	verbiete!/verbietet!
verbleichen	verbleichst		verblich	verblichen s	verbliche	
verderben	verdirbst		verdarb	verdorben s/h	verdürbe	verdirb!/verderbt!
verdrießen	verdrießt		verdroß	verdrossen	verdrösse	(verdrieß!/verdrießt!)
vergessen	vergißt		vergaß	vergessen	vergäße	vergiß!/vergeßt!
verlieren	verlierst		verlor	verloren	verlöre	verlier!/verliert!
verschleißen	verschleißt		verschliß	verschlissen	verschlisse	verschleiß!/verschleißt!
verzeihen	verzeihst		verzieh	verziehen	verziehe	verzeih!/verzeiht!
wachsen	wächst		wuchs	gewachsen s	wüchse	wachse!/wachst!
wägen	wägst		wog/wäge	gewogen/gewägt	wöge	wäge!/wägt!
waschen	wäschst		wusch	gewaschen	wüsche	wasch!/wascht!
weben	webst		wob/webte	gewoben/gewebt	wöbe/webte	web!/webt!
weichen	weichst		wich Er wich meiner Frage aus.	gewichen s	wiche	weich!/weicht!
weichen	weichst	!	weichte Die Wäsche weichte.	geweicht	weichte	weich!/weicht!
weisen	weist		wies	gewiesen	wiese	weise!/weist!
wenden	wendest		wandte Sie wandte sich zu mir.	gewandt	wendete	wende!/wendet!
wenden	wendest	!	wendete Das Auto wendete.	gewendet	wendete	wende!/wendet!
werben	wirbst		warb	geworben	würbe	wirb!/werbt!
werden	wirst		wurde (ward)	geworden s	würde	werde!/werdet!
werfen	wirfst		warf	geworfen	würfe	wirf!/werft!
wiegen	wiegst		wog Die Tasche wog 10 kg.	gewogen	wöge	wieg!/wiegt!
wiegen	wiegst	!	wiegte Sie wiegte das Kind in den Schlaf.	gewiegt	wiegte	wieg!/wiegt!
winden	windest		wand	gewunden	wände	winde!/windet!
wissen	weißt		wußte	gewußt	wüßte	wisse!/wißt!
wollen	willst		wollte	gewollt/wollen Wir haben es gewollt. ! Er hat reisen wollen.	wollte	
wringen	wringst		wrang	gewrungen	wränge	wring!/wringt!
zeihen	zeihst		zieh	geziehen	ziehe	zeih!/zeiht!
ziehen	ziehst		zog	gezogen s/h	zöge	zieh!/zieht!
zwingen	zwingst		zwang	gezwungen	zwänge	zwing!/zwingt!

Schlüssel zu den Übungen mit eindeutigen Lösungen

1Ü1

Die restlichen Zeichen gehören zu den Konsonanten (bB, cC, dD usw.) oder den Zwielauten, die auch Diphthonge bzw. Umlaut-Diphthonge genannt werden (au Au, ei Ei (ey Ey), ai Ai (ay Ay), eu Eu, äu Äu usw.).
Silben sind die Bausteine des gesprochenen Worts und tragen eine grammatische oder inhaltliche Bedeutung. Sie können aus nur einem Vokal oder aus Vokal + Konsonant(en) bestehen. Jedes Wort hat mindestens eine Silbe (rot, Bett) oder mehrere Silben (ro/te Bett/be/zü/ge).

3Ü1

a) unregelmäßige Verben: anfangen, stecken, essen, beißen, zielen, bleiben, bringen, gewinnen, zerrinnen, graben, fallen, helfen, nehmen, springen, verschieben;
b) regelmäßige Verben: zeigen, stecken, plaudern, machen, nähren, lachen, kriegen, sparen, leben, besorgen, probieren, studieren;
c) Modalverben: wollen, können, dürfen;
d) Hilfsverben: sein, haben, werden.

4Ü1

Indikativ: Wer will, was er kann, fängt nichts vergeblich an.
Konjunktiv I: Man sagt, wer wolle, was er kann, fange nichts vergeblich an.
Konjunktiv II: Ich wünschte, wer wollte, was er kann, finge nichts vergeblich an.

I: Er zeigt uns, was eine Harke ist.
K I: ..., er zeige uns, was eine Harke ist.
K II: ..., er zeigte uns, was eine Harke ist.

I: Morgenstund hat Gold im Mund.
K I: ..., Morgenstund habe Gold im Mund.
K II: ..., Morgenstund hätte Gold im Mund.

I: Da steckt der Wurm drin.
K I: ..., da stecke der Wurm drin.
K II: ..., da steckte/stäke der Wurm drin.

I: Gegensätze ziehen sich an.
K I: ..., Gegensätze ziehen sich an.
K II: ..., Gegensätze zögen sich an.

I: Den Letzten beißen die Hunde.
K I: ..., den Letzten beißen die Hunde.
K II: ..., den Letzten bissen die Hunde.

I: Sie plaudert aus der Schule.
K I: ..., sie plaudere aus der Schule.
K II: ..., sie plauderte aus der Schule.

I: Er lacht sich ins Fäustchen.
K I: ..., er lache sich ins Fäustchen.
K II: ..., er lachte sich ins Fäustchen.

I: Eine Schwalbe macht noch keinen Sommer.
K I: ..., eine Schwalbe mache noch keinen Sommer.
K II: ..., eine Schwalbe machte noch keinen Sommer.

I: Er kann den Hals nicht voll genug kriegen.
K I: ..., er könne den Hals nicht voll genug kriegen.
K II: ..., er könnte den Hals nicht voll genug kriegen.

I: Die Masse bringt es.
K I: ..., die Masse bringe es.
K II: ..., die Masse brächte es.

I: Nachts sind alle Katzen grau.
K I: ..., nachts seien alle Katzen grau.
K II: ..., nachts wären alle Katzen grau.

I: Er lebt wie die Made im Speck.
K I: ..., er lebe wie die Made im Speck.
K II: ..., er lebte wie die Made im Speck.

I: Wer anderen eine Grube gräbt, fällt selbst hinein.
K I: ..., wer anderen eine Grube grabe, der falle selbst hinein.
K II: ..., wer anderen eine Grube grübe, der fiele selbst hinein.

I: Es kann nicht sein, was nicht sein darf.
K I: ..., es könne nicht sein, was nicht sein dürfe.
K II: ..., es könnte nicht sein, was nicht sein dürfte.

I: Sie nimmt kein Blatt vor den Mund.
K I: ..., sie nehme kein Blatt vor den Mund.
K II: ..., sie nähme kein Blatt vor den Mund.

I: Man soll den Tag nicht vor dem Abend loben.
K I: ..., man solle den Tag nicht vor dem Abend loben.
K II: ..., man sollte den Tag nicht vor dem Abend loben.

I: Niemand kann über den eigenen Schatten springen.
K I: ..., niemand könne über den eigenen Schatten springen.
K II: ..., niemand könnte über den eigenen Schatten springen.

I: Probieren geht über Studieren.
K I: ..., Probieren gehe über Studieren.
K II: ..., Probieren ginge über Studieren.

I: Wie gewonnen, so zerronnen.
K I: ..., wie es gewonnen werde, so werde es zerrinnen. / ..., wie es gewonnen worden sei, so sei es zerronnen.
K II: ..., wie es gewonnen würde, so würde es zerrinnen. / ..., wie es gewonnen worden wäre, so wäre es zerronnen.

I: Spare in der Zeit, so hast du in der Not.
K I: ..., wer in der Zeit spare, der habe in der Not.
K II: ..., wer in der Zeit sparte, der hätte in der Not.

4Ü3

Edel sei der Mensch, hilfreich und gut. Indikativ: Edel ist der Mensch, hilfreich und gut. – Bleibe im Lande und nähre dich redlich! Indikativ: Du bleibst im Lande und nährst dich redlich. – Spare in der Zeit, so hast du in der Not! Indikativ: Wenn du in der Zeit sparst, so hast du in der Not. – Arzt, hilf dir selber! Indikativ: Der Arzt hilft sich selber. – Was du heute kannst besorgen, das verschiebe nicht auf morgen! Indikativ: Was du heute kannst besorgen, das verschiebst du nicht auf morgen.

4Ü4

Indirekte Rede: (Er sagte,) als bayerischer Ministerpräsident habe er sich daran gewöhnen müssen, gute bayerische Traditionen gegen Unverstand aus Bonn und Brüssel zu verteidigen. Bocksbeutel, Gebirgsjäger und bayerisches Reinheitsgebot stünden für vieles andere.

Daß nun ausgerechnet die Münchner Brauereien, die sich bisher stets als Hüter solcher Traditionen verstanden hätten, die Axt ans Eichenfaß legten und künftig auf der Wies'n das Bier aus Containern fließen lassen wollten, sei für ihn eine unerwartete und als Bayer und gebürtiger Münchner eine arg schmerzliche Erfahrung. Wann werde auf Pappbecher umgestellt werden? Solle künftig der Hendlduft aus der Dose stammen, der Brez'n-Geschmack aus der Tablette, sollten Steckerlfisch und Würste pasteurisiert und vakuumverpackt auf den Tisch kommen? Sei es nur noch eine Frage der Zeit, bis Mais, Reis und Kartoffelzusätze beim Bier erlaubt sein würden?

Er appelliere an die Münchner Brauereien, sich nicht zum Vorreiter einer Entwicklung zu machen, an deren Ende wieder ein Stück bayerischer Tradition zu Grabe getragen werde/würde.

5Ü1

Unterstrichene Passivformen: wurde ... gemacht; wurde ... gebracht und ... beruhigt; ausersehen wurde.
Mögliche Aktiv-Umwandlung: Ein Hai machte ihn vom Jäger zum Gejagten. Einige Badegäste brachten ihn an Land und beruhigten ihn mit einem kräftigen Schluck Branntwein. Der Hai hat(te) Herrn M. zum Objekt fischigen Liebeswerbens ausersehen.

5S2

Passivformen: wurden kaum gebraucht; gesucht wird; werden prompt geliefert; verwöhnt werden; wird gesucht.
Verkürzte Passivformen: Passiv gesucht = Passiv wird gesucht/"wird" fehlt; eindeutig gesehen = wurde eindeutig gesehen/"wurde" fehlt; Schlüsselbund gefunden = Schlüsselbund wurde gefunden/"wurde" fehlt.
Den verkürzten Passivformen fehlt also immer die flektierte Form von "werden".

5Ü2

Formulierungsmöglichkeiten im Aktiv:: Wir legen Ihnen zur Last, ... - Wegen der umseitig näher bezeichneten Zuwiderhandlung verwarnen wir Sie zur Vermeidung einer Anzeige.- Wir rechnen dann den Geldbetrag auf die Geldbuße an. - Sofern Sie sich nicht zu dem Vorwurf äußern, gehen wir davon aus, daß Sie von Ihrem Äußerungsrecht keinen Gebrauch machen wollen. Das Gericht kann dann ohne weitere Anhörung der Sache oder Vorladung einen Bußgeldbescheid gegen Sie erlassen. Falls Sie sich zu dem Vorwurf äußern, entscheidet das Gericht unter Berücksichtigung Ihrer Angaben, ob es das Verfahren einstellt oder ohne weitere Äußerung der Verwaltungsbehörde einen Bußgeldbescheid erläßt.
Falls wir nicht feststellen können, wer zur Tatzeit Ihr Fahrzeug geführt hat, können wir Ihnen als Halter des Kraftfahrzeuges ... auch die Führung eines Fahrtenbuches auferlegen.

6Ü1

schaffen: 1. geschafft (rechtzeitig fertiggeworden); 2. geschafft (völlig fertiggemacht); 3. schuf (erarbeitete, brachte ... hervor); 4. erschaffen (gemacht, hervorgebracht).
senden: 5. sendete (strahlte aus, brachte); 6. sandte (schickte); 7. gesendet (ausgestrahlt, gebracht); 8. gesandt (beauftragt, geschickt); 9. Gesandter (Botschafter, Diplomat im Ausland).
scheren: 10. scherte (kümmerte); 11. schor (das Fell/die Wolle abschneiden); 12. scherte (änderte die Fahrtrichtung, bog ab).
bewegen: 13. bewegte (rührte, erregte); 14. bewogen (dazu gebracht); 15. bewegte (bunt, ereignisreich); 16. Bewegende (rührende).

7Ü3.1

Denkbare Beispielsätze:

Boxer heiraten: Sie heiratet einen Boxer. Sie heiratet den Boxer. Sie heiratet Boxer. Sie heiratet die Boxer. (Grammatisch möglich!)
Eis lieben: Du liebst ein Eis. Du liebst das Eis. Du liebst Eis. (Kein Plural möglich!)
Arbeit erledigen: Wir erledigen Arbeit. Wir erledigen eine Arbeit. Wir erledigen die Arbeit. Wir erledigen Arbeiten. Wir erledigen die Arbeiten.
Tennisspieler mögen: Sie mag einen Tennisspieler. Sie mag den Tennisspieler. Sie mag Tennisspieler. Sie mag die Tennisspieler.
Muskel trainieren: Er trainiert einen Muskel. Er trainiert den Muskel. (Er trainiert Muskeln.) Er trainiert die Muskeln.
Geld sparen: Ihr spart Geld. Ihr spart das Geld. Ihr spart die Gelder. (Nicht mit unbestimmtem Artikel möglich!)
Sportler kennen: Sie kennen Sportler. Sie kennen einen Sportler. Sie kennen den Sportler. Sie kennen die Sportler.
Geschenk kaufen: Ich kaufe ein Geschenk. Ich kaufe das Geschenk. Ich kaufe Geschenke. Ich kaufe die Geschenke.
Heirat planen: Sie planen eine Heirat. Sie planen die Heirat. Sie planen Heiraten. Sie planen die Heiraten.

7Ü4

Originaltext aus der "Allgemeinen Deklaration der Menschenrechte":
"Jeder Mensch hat das Recht auf Leben, Freiheit und Sicherheit der Person. Heiratsfähige Männer und Frauen haben ohne Beschränkung durch Rasse, Staatsbürgerschaft oder Religion das Recht, eine Ehe zu schließen und eine Familie zu gründen. Sie haben bei der Eheschließung, während der Ehe und bei deren Auflösung gleiche Rechte. Mutter und Kind haben Anspruch auf besondere Hilfe und Unterstützung. Alle Kinder, eheliche und uneheliche, genießen den gleichen sozialen Schutz." (Dieser Text ist aber nur eine unter mehreren denkbaren Lösungen!)

8Ü1

die Bank - die Bänke = Sitzgelegenheit; die Bank - die Banken = Geldinstitut;
der Leiter - die Leiter = Vorgesetzter; die Leiter - die Leitern = Gerät zum Klettern;
der Sproß - die Sprosse (Sprößlinge) = Nachkomme; die Sprosse - die Sprossen = Querholz an der Leiter;
die Röhre - die Röhren = z. B. Speiseröhre, Luftröhre, Radioröhre;
das Rohr - die Rohre = z. B. das Ofenrohr, runde Leitung für Wasser u. ä.;
der Bogen - die Bögen (Bogen) = Kurven; der Bogen - die Bogen = Schreib- oder Packpapier bzw. Schießgerät;
das Wort - die Wörter = das einzelne Wort; das Wort - die Worte = eine Rede;
der See - die Seen = Binnengewässer; die See - die Seen = Meer;
die Mark - kein Plural = Geldstück; das Mark = kein Plural = Knochenmark; die Mark - die Marken = abgegrenztes bestimmtes Gebiet, z. B. Mark Brandenburg;
der Dorn - die Dorne = Begriff aus der Technik, Werkzeug in Kegelform; der Dorn - die Dornen = Stachel, Spitze an Gewächsen;
der Strauß - die Sträuße = Gebinde aus Blumen; der Strauß - die Strauße = große Vogelart; der Strauß - kein Plural = Streit, Kampf;
der Hut - die Hüte = Kopfbedeckung; die Hut - kein Plural = Vorsicht;
das Schild - die Schilder = Zeichen, z. B. Verkehrsschild, Warnzeichen, Abzeichen; der Schild - die Schilde = Abwehrwaffe, die zum Schutz getragen wird.

9S1.1

das Türchen, durch das nun endlich ...; ein Fräulein, das mit seinem Tüchlein ...; mit dem Bällchen, welches schwarzweiß ist ...; nur ein Schüßchen, so eines kann ...; hier und da ein Gänseblümchen, welches sich zwischen ...; in ein Würstchen, das noch dampft ...; beachtet das kleine Mädchen nicht, das neben ihm ... .

10Ü1

Liebe, sparsamer, herzlichen, bevorstehenden, vielen, wenige, nötigen, kostengünstig, freundlichen, eine, einige, ähnliche, neuestes, unhöfliche, empfindsamsten, wichtigsten, sonstigen, Verbogenes, altes, Volle, zwanglos, jeden, zweiten, unbequeme, leibliche, jeden, dritten, 100%iger, viel, gute, heitere.

10Ü2

Quantität: vielen, wenige, eine, einige, jeden, zweiten, jeden, dritten, 100%iger.
Qualität: liebe, sparsamer, herzlichen, bevorstehenden, nötigen, kostengünstig, freundlichen, ähnliche, neuestes, unhöfliche, empfindsamsten, wichtigsten, verbogenes, altes, volle, zwanglos, unbequeme, leibliche, 100%iger, gute, heitere.

10Ü3

Passende Endungen: Immobilienkauf ist eine reine Vertrauenssache. Unser alter Name bürgt seit vielen Jahren für individuelle Beratung und persönliche Betreuung. Mit unserer reibungslosen Abwicklung und einer seriösen Finanzierung gehören wir zu der führenden Gruppe der Maklerbranche in vielen Städten. Die unzähligen Dankschreiben zufriedener Kunden bestätigen nur die korrekte Bearbeitung und die faire Erledigung von nicht immer leichten Kauf- und Verkaufsaufträgen. Volle Zufriedenheit unseres langjährigen Kundenstamm(e)s ist keine schwere Bürde, sondern verpflichtet uns immer wieder zu den höchsten Anstrengungen bei der Lösung von großen Problemen und schwierigen Sachlagen.

11aÜ3

Adjektive zugeordnet:

Positiv: fremd, letzte, gefährlicher, unbekannten, richtig, nackt, kahl, roten, fremde, blaue, zahlreichen, einzige, unbekannten, leichten, gekonnten, aufgeregten, ungewisse, winzige, außerirdische, widersprüchlichen, plastischen, fremden, kurze, geraden, runden, steifen, groß, winzig, vielen, gar keine, betrunken, groß, klein, ängstlich, fremd.
Komparativ: fremder, schärfere, schneller, höher, enger, näher, aufregender, dicker, viereckiger, größere, kleinere, ungewöhnlicher.
Superlativ: fremdest-, großartigste, Komischste, am besten.

11aÜ5

Nicht steigerbar sind Adjektive, die
a) durch ihre Bedeutung selbst schon einen "Superlativ" ausdrücken: einzige, letzte, großartig, gar keine;
b) das im Grundwort ausgedrückte durch einen anderen Wortteil verneinen: außerirdisch = nicht irdisch;
c) einen unveränderlichen, festen Zustand ausdrücken: viereckig.

11bÜ1

doch länger gewesen als im Training ...; hat nicht so viel erreicht wie Sie ...; der Harry war schneller als ich ...; wir sind da immer wie richtige Brüder ...; Sigi hat genauso gewonnen wie ich ...; er ist genauso weit gelaufen wie ich ...; ich war bloß eher im Ziel als er ...

11bÜ2

(so) hart wie Kruppstahl; (so) alt wie Methusalem; ärmer als eine Kirchenmaus; (so) schlimm wie Heimweh; dümmer als Bohnenstroh; (so) reich wie Krösus; heißer als die Hölle.

11S1

1. größer als; 2. nicht so groß wie; 3. kleiner als; 4. genau wie Berlin; 5. salziger als; 6. nicht so salzig wie; 7. weniger salzig als; 8. hat wie die Nordsee.

12Ü1

Zugeordnete Adverbien:
1. Ort: hierhin, dahin, oben, unten, draußen; 2. Zeit: morgens, bisweilen, noch, mitunter, manchmal, gewöhnlich, endlich, plötzlich; 3. Art und Weise: lieber, völlig entspannt, ungern/gern, genau, ziemlich, absolut, länger, besonders tief, seelenruhig, plötzlich.
4. Grund: davon.

13Ü1

Vorkommende Präpositionen mit Angabe des Kasus:
in - Dativ; zwischen - Dativ; an - Akkusativ; über - Dativ; unter - Dativ; mit - Dativ; in - Dativ; ohne - Akkusativ; zu - Dativ; in - Dativ; auf - Akkusativ; für - Akkusativ.

13Ü4

Richtige Endungen: Nach der langen Fahrt in den verdienten Urlaub und während Ihres Aufenthalt(e)s inmitten einer fremden Umgebung sollten Sie abseits des üblichen Touristenrummels um Ihrer Gesundheit willen der Ruhe pflegen. Erkunden Sie mittels eines genauen Plan(e)s die Gegend. Binnen weniger Tage werden Sie sich dank Ihrer Entdeckungsfreude ohne den eintönigen Hotelalltag und unter Verzicht auf ein festgelegtes Kontaktprogramm einfach, aber mit großem Erfolg erholen.

13S2

Der Kunde tritt (in das =) ins Geschäft. Jetzt ist ihm nicht mehr zum Lachen. Der Verkäufer geht auf den Kunden zu. Er blickt ihm (in das =) ins Gesicht. Jetzt geht es (um das =) ums Ganze. Der Kunde will (für das =) fürs Geld auch Qualität. Erst geht er (zu dem =) zum Regal, dann wendet er sich (zu der =) zur Tür und grüßt beim Hinausgehen.

13S4

1. Während seiner häufigen Auslandsreisen wundert der Reisende sich über Sitten und Gebräuche in fremden Ländern. 2. Während der Fahrt durch den angrenzenden Teil des Nachbarland(e)s gehen ihm viele Gedanken durch den Kopf. 3. Er denkt auch an die Familie. Über seinem Kopf liegt im Gepäcknetz die Tüte mit den belegten Broten. 4. Seine Füße legt er auf die Bank und sieht durch das/durchs Fenster. 5. Der Mantel hängt neben der Tür und verdeckt die Sicht auf den Gang. 6. Die Notbremse befindet sich über der Tür und der Schalter für das Licht neben dem rechten Fensterplatz. 7. Der Zugkontrolleur kommt durch den Gang und läßt sich die vielen einzelnen Fahrkarten zeigen. 8. Dabei denkt er an seine nächste Pause und gibt einem lächelnden Reisenden die erbetene Auskunft über die Ankunftszeit.
9. Der Schaffner ist froh über jede Abwechslung und stolz auf seine Dienstjahre; nur manchmal ist er verbittert wegen der Arbeitszeiten. 10. Besonders neugierig ist er immer auf eine neue Fahrtroute. 11. Er lernt dann Unbekanntes und Fremdes kennen und viele schwierige Städtenamen auswendig. 12. Häufig schreibt er mit seinem altmodischen Füller die wichtigsten/wichtigen Besonderheiten der Strecke auf und schickt seiner Frau und seinen kleinen Kindern Grüße. 13. Egal, ob er im Dienst oder zu Hause ist: Er träumt von dem Tag, an dem er mit seiner Familie in Urlaub geht.

14Ü1

Mann: Hallo, he - Sie da! Bleiben Sie doch bitte mal stehen, damit ich ...
Frau: Pfui, machen Sie, daß Sie weiterkommen, bevor ich ... Himmel! Fassen Sie mich ja nicht noch einmal an, sonst erleben Sie Ihr blaues Wunder!
Mann: Herrje, wenn Sie so schreien, versteht man ja kaum sein eigenes Wort - die Leute laufen auch schon zusammen! So geht das doch nicht!!
Frau: Hoppla, was soll hier gehen? Hier geht nichts außer Ihnen, verschwinden Sie bloß, aber dalli, ja?!
Patsch! Klatsch!
Mann: Aua! Mist, da läuft sie weg - und die Wespe sitzt immer noch in ihrem Haar!

16Ü1

1. Der Erwachsene muß arbeiten. 2. Kinder spielen und arbeiten. 3. Der Junge und das Mädchen laufen und springen. 4. Katzen und Hunde sind Haustiere. 5. Wasser ist naß. 6. Flüsse und Bäche fließen. 7. Meere und Tränen sind salzig. 8. Der Tag ist lang. 9. Wochen und Monate sind Zeiteinteilungen. 10. Die Zeit rennt. 11. Kleider und Schuhe sind neu. 12. Kleidungsstücke werden gewaschen und gebügelt. 13. Die Wäsche trocknet. 14. Ebbe und Flut kommen und gehen. 15. Der Tag beginnt, die Nacht schwindet. 16. Schreiben und Lesen sind Kulturtechniken. 17. Schlafen und Essen sind lebenswichtig.

16S1

Subjekte: Das Prinzip; das Volk; Alle Gewalt; Das Volk; die Volkssouveränität; Man; Männer und Frauen; ein gewisses Maß; die Kräfte; jede Stimme; es; das Wahlrecht; eine Unzahl; Der Bürger; die Direktwahl; eine Änderung; viele Abgeordnete.
Prädikate: wurde verwirklicht; war; geht ... aus; ist; fand; wählte; waren wahlberechtigt; fehlte; erstarkten; kam zur Wirkung; kam; erlaubte; entstand; wählte; kam; bildete; war durchzubringen; fürchteten.

17bÜ1

1. des Pferdediebstahls - Objekt im Genitiv; dem Sheriff - Objekt im Dativ; 2. dem Fremdling - Objekt im Dativ; die Leviten - Objekt im Akkusativ; eine Erklärung - Objekt im Akkusativ; 3. die Zuschauer - Objekt im Akkusativ; um Ruhe - präpositionales Objekt; mit dem Verhör - präpositionales Objekt; 4. seines letzten Gefängnisaufenthalts - Objekt im Genitiv; dem Sheriff - Objekt im Dativ; Rede und Antwort - Objekt im Akkusativ; 5. dem Gesetzeshüter - Objekt im Dativ; ihn - Objekt im Akkusativ; nach dem Verhör - präpositionales Objekt; 6. an ein saftiges Steak mit Bratkartoffeln und Kaffee - präpositionales Objekt; zum Saloon - präpositionales Objekt.

17cÜ1

Während der letzten Wochen = temporal; mit Fleiß = modal; in ihrer Werkstatt = lokal; Seit gestern = temporal; erstaunlich = modal; in der Unterkunft = lokal; Während der Nacht = temporal; auf leisen Sohlen = modal; ganz sicher = modal; nicht zur Erholung = final; dorthin = lokal; mit Schaufeln und Hacken = instrumental; in aller Eile = modal; vor lauter Begeisterung = kausal; Bald schon = temporal; trotz der Sicherungsanlage = konzessiv; mehrere Male = numeral; bis zum Lastauto = lokal; Über zwei Stunden lang = temporal; nun schon = temporal; mit großem Eifer und eiserner Energie = modal; so verlockend wie (der mit der roten Schnur) = komparativ; Trotz ihrer zittrigen Beine = konzessiv; zum Abtransport = final; mit schrillem Ton = modal; zum Erschrecken = konsekutiv; zum Türmen = modal; mit der grünen Minna = instrumental; bei weniger Habgier = konditional; bestens = modal; niemals = numeral.

17cS1

Subjekte	Prädikate	Objekte	Attribute
die Tresorknacker	haben ... gearbeitet	---	letzten
es	ist ... ruhig	---	---
sie	schleichen	zur Bank	leisen
sie	gehen	zur Erholung	---

18a/bÜ1

1. Es gefällt mir nicht, daß ihr so spät kommt. 2. Ihr glaubt, daß sich das Wetter bessert. 3. Daß du im Lotto gewinnst, das glaube ich nicht. 4. Niemand hatte die Tresorknacker gehört. 5. Die Menschen staunten, die Nase in die Luft gereckt, über das UFO. 6. Obwohl es mir nicht paßt, erledige ich noch die Hausaufgaben. 7. Er hat keine Schuld an dem Unfall. 8. Sie bekam kein Bargeld, weil die Bank schon geschlossen war. 9. Es ist überhaupt keine Frage, was jetzt zu tun ist. 10. Wenn der Sohn Geld braucht, geht er zum Vater. 11. Sie lachen sich ins Fäustchen, weil sie so begeistert sind.

18cÜ1

Die beschriebene Stadt ist Berlin.
Bestimmung der Sätze: 1. Satzverbindung; 2. Satzgefüge; 3. Satzgefüge; 4. Satzverbindung; 5. Satzverbindung; 6. Satzgefüge; 7. Satzgefüge.

18dÜ1

Nebensätze 1. Grades: ______ 2. Grades: ______
3. Grades: ....

1. Er glaubt, daß er die Krankheit überstanden hat und daß er auch wieder ganz gesund ist. 2. Wir dürfen die Bäume nicht fällen, wenn wir verhindern wollen, daß der Regen die Erde wegspült. 3. Niemand kann heute wissen, wohin sich die Technik, die für uns so selbstverständlich ist, noch entwickeln wird. 4. Der Präsident sagte, daß er gerade angekommen sei, daß er sich erst erfrischen müsse und er danach ins Theater führe. 5. Das Buch, das er sich gewünscht hatte, war zu teuer, und so kaufte er sich eine Zeitschrift, die erschwinglich war und die viel Lesestoff anbot. 6. Der Richter fragte den Zeugen, der gerade zum Angeklagten blickte, wann er diesen zuletzt gesehen habe und ob er ihn kenne. 7. Der Schnee, der die Häuser bedeckt, wird verschwunden sein, bevor wir Ostern feiern, falls es nicht außergewöhnlich kalt bleibt. 8. Gib mir rechtzeitig Bescheid, damit ich weiß, wann du ankommst und wann du wieder abreist, damit ich schon jetzt alles vorbereiten kann.

18eÜ1

1. Er erholt sich dadurch, daß er schläft. (Adverbialsatz) 2. Der Junge, der klein ist, spielt. (Attributsatz) 3. Weil sie glücklich sind, lachen sie. (Adverbialsatz) 4. Der Mensch, der ernst ist, ist mein Chef. (Attributsatz) 5. Wo er sich aufhält, ist unbekannt. (Subjektsatz) / Sein Aufenthalt ist (es), der/was unbekannt ist. (Prädikatsatz) 6. Verabscheut, was schlecht ist. (Objektsatz) 7. Obwohl sie gewarnt war/wurde, kaufte sie das Auto. (Adverbialsatz) 8. Indem er laut klopfte, weckte er mich. (Objektsatz) 9. Sie leugnet, was sie getan hat. (Objektsatz) 10. Die Kette, die am teuersten ist, fehlt. (Attributsatz)

18fÜ1

1. Ich finde, wir sollten helfen. 2. Zuhause angekommen, mußte ich den Schlüssel suchen. 3. Wir beeilten uns, ohne uns zu hetzen. 4. Um schneller zu werden, trainierst

du ständig. 5. Es ist gut, nicht alles zu wissen. 6. Die Bahnfahrt genießend, lächelte er still vor sich hin. 7. Ohne es zu wollen, hörten sie uns zu. 8. Es ist nicht gestattet, hinter die Kulissen zu blicken. 9. Der Sprecher meldete, das Unwetter sei vorüber. 10. Ich hoffe, das Geld trifft bald hier ein. 11. In Gedanken versunken, hast du alles Wichtige versäumt. 12. Sie verschwanden bei Nacht und Nebel, um unbemerkt untertauchen zu können.

18gÜ1

1. weil/Konjunktionalsatz; 2. die/Relativsatz; 3. welches/Relativsatz; 4. ob/indirekter Fragesatz; 5. ob/indirekter Fragesatz; 6. die/Relativsatz; 7. welche/Relativsatz; 8. ob/indirekter Fragesatz; 9. da/Konjunktionalsatz; 10. ob/indirekter Fragesatz; 11. die/Relativsatz; 12. welcher/Relativsatz; 13. weil/Konjunktionalsatz; 14. die/Relativsatz.

19Ü2

1. Städte sind groß, und Dörfer sind klein. 2. Ich denke, morgen kommt er, aber wann er geht, das weiß ich nicht. 3. Frau Müller, kümmern Sie sich nicht um Herrn Schulze! 4. Es hat heute nacht nicht geregnet, sondern geschneit. 5. Das Portemonnaie, das du mir gegeben hast, ist leider leer. 6. Das Datum für Ostern fällt in diesem Jahr auf deinen Geburtstag! 7. Schrecklich, wie du heute aussiehst! 8. Hast du den Film gesehen, der gestern spät abends im Fernsehen lief und gar nicht angekündigt war? 9. Es wäre besser, er wüßte, was ihn wirklich interessiert. 10. Fiffi, komm jetzt endlich raus aus dem Gebüsch! 11. Egon, der Schlingel, soll schon wieder genascht haben. 12. Sie hatte einen Traum und wartet nun darauf, daß er in Erfüllung geht. 13. Ich weiß nicht, wer der Täter ist und woher er kam. 14. Wir beschleunigten unser Tempo, da ein Gewitter aufzog. 15. Weder er noch sie haben von dem Ereignis gewußt. 16. Leider geht es im Beruf nicht immer, wie man will, und schon gar nicht, wenn man es erzwingen möchte. 17. Keiner, auch nicht der letzte Gast, bemerkte die Leiche des Portiers. 18. Wir alle, die Besucher, die Nachbarn, die vollzählig erschienen waren, und sogar Lehrer mit ihren Klassen sahen bei der Parade zu. 19. Seine Mutter ist krank, und er muß sich jetzt um den Haushalt kümmern. 20. Die alte Hauptstadt Berlin wird gern zum Ausflugsziel gemacht. 21. Wir vergessen schon nicht, dich anzurufen. 22. Knautschke, das Nilpferd im Zoo, wird wieder Vater. 23. Sie wollten sich sofort nach ihrem Eintreffen melden, damit wir die endlose Warterei aufgeben können. 24. Die Diät, von der ich mir soviel versprochen hatte, habe ich abgebrochen, da es mir körperlich schlecht ging. 25. Man glaubt ja nicht, wie schwierig es sein kann, etwas, das man einmal gelernt hat, zu vergessen, um wieder Platz für neue Erkenntnisse zu schaffen. 26. Der Nachbar, der eine Treppe über uns wohnt, ist heute nicht zu Hause, weswegen er uns nicht mit Kaffee aushelfen kann.

19Ü3

1. Du kannst dich an diesem Unternehmen beteiligen; doch es wäre günstiger, du würdest damit noch ein wenig warten. 2. Wir geben bekannt, daß die Preise neu festgelegt worden sind. 3. Mit großen, erstaunten Augen sahen alle dem Zauberkünstler zu, der kleine weiße Kaninchen verschwinden ließ. 4. Er will noch vor dem Regen das Gras mähen; deshalb beeilt er sich, obwohl ihn keiner dazu drängt. 5. Die Kinder wünschten sich Schokolade, Bonbons, Dauerlutscher, Autos, Puppen, Schallplatten; darüber hinaus gaben sie Auskunft über ihre Zukunftsvorstellungen. 6. Wenn sie jetzt nicht kommen, fangen wir allein an zu essen. 7. Bitte(,) kommen Sie etwas näher, damit wir nicht so schreien müssen. 8. Sie hat Geburtstag am Sonnabend, dem 9. August, und möchte groß feiern; deswegen schickt sie heute Einladungen an ihre Eltern, Geschwister und Freunde. 9. Mein Bruder, der Hund und ich fahren mit dem Auto aufs Land.

19Ü4

1. Er rief uns zu: "Kommt pünktlich um drei!" und fuhr los. 2. Bei der Berechnung der Heizkosten müssen wir beachten: geleistete Vorauszahlungen, Abrechnungsdaten, Preis pro Liter. 3. Nächster Informationsabend: 20. November. 4. Du sagtest, du möchtest noch einmal darüber schlafen. 5. "Ich will allein verreisen in den Ferien", entschied sich mein Zwillingsbruder. 6. "Entschuldigung", sagte die Dame, "ich finde den Weg zum Bahnhof nicht. Bitte(,) helfen Sie mir." 7. Daß wir dankbarer sein sollen, wurde uns gesagt. 8. Er erzählte allen, daß er im Lotto gewonnen habe.

19Ü5

1. "Warum erfüllen Sie den Vertrag nicht?" fragte der Richter. 2. Gibt es noch einen Ausweg? 3. Auf Ihre Anfrage vom 14. 2. können wir nicht antworten, da diese hier nicht vorliegt. 4. Machen Sie doch keinen Ärger, Mann! 5. Die Kritiker schrieben, daß der Film sehenswert sei; daher sind die Karten für alle Vorstellungen ausverkauft. 6. Wir abonnieren den "Tag", kaufen regelmäßig "Das Sonntagsblatt" und borgen uns gelegentlich die "Times". 7. "Er hat's geschafft!" jubelte Klaus' Vater. 8. Die Rücklagen, die wir für schlechte Zeiten gebildet haben, sind fast aufgebraucht. 9. Puschel, Webers Kater, ist ein eifriger Mäusejäger. 10. "Manche mögen's heiß" ist eine Filmkomödie.

19S1

Original-Zeitungsartikel mit allen Satzzeichen:

Scheckheft-Hauptgewinner ist ein 33jähriger Maurer aus Berlin

Mit einer Vollmacht von seinem Sohn, einem 33 Jahre alten, unverheiratet in Berlin lebenden Maurer, in den Händen kam gestern ein als Rentner in Süddeutschland lebender gebürtiger Berliner in das Büro des „Tages der offenen Tür“, um den Hauptgewinn, einen Scheck in Höhe von 500000 Mark, abzuholen. Nach einer polizeitechnischen Untersuchung der Losnummer 155998 wurde ihm der Gewinn überreicht. Der Vater erklärte, sein Sohn wolle anonym bleiben. Er habe die Absicht, für das Geld eine Eigentumswohnung in Westdeutschland zu kaufen, die er vermieten wolle. Der 33jährige Mann selbst werde weiter in Berlin leben und arbeiten. Zunächst wolle er aber eine Amerika-Reise machen, um einen alten Freund zu besuchen. (Tsp)

Alphabetische Liste schwieriger Begriffe mit Erklärungen

A

abonnieren: zu regelmäßigem Bezug bestellen, z. B. "eine Zeitung abonnieren"

abstrakt: nicht wirklich, in Gedanken vorgestellt

Adjektiv: Eigenschaftswort, z. B. jung, schlau, gewitzt

Adverb: Umstandswort, das die "Art und Weise" einer Handlung, eines Vorgangs oder eines Zustands genau beschreibt; z. B.: "Sie haben sehr schnell gearbeitet."

adverbial: verwendet als Umstandswort; z. B. das Adjektiv schön ("das schöne Bild") findet Verwendung als Adverb = "Sie haben schön gemalt."

Adverbiale: Umstandsbestimmung; die Vorgänge werden in unseren Sätzen durch ein Verb (Tätigkeitswort) ausgedrückt = "ich schreibe"; eine angehängte Umstandsbestimmung kann diese Tätigkeit "schreiben" näher bestimmen = "ich schreibe morgen" (Umstandsbestimmung der Zeit) oder "ich schreibe ins Heft" (Umstandsbestimmung des Ortes)

Adverbialsatz: Umstandssatz; ein Adverb (Umstandswort) kann das Verb in Sätzen näher beschreiben (siehe Adverbiale); die erweiterte Form einer Adverbiale ist der Adverbialsatz, d. h. ein Gliedsatz, der mit einer Konjunktion (Bindewort) eingeleitet wird; z. B.: "Als ich gestern kam, schrieb er." oder: "Die Kinder malten, solange es regnete."

Akkusativ: 4. Fall oder Wen-Fall, antwortet auf die Frage: Wen oder Was?; z. B.: "Wen oder was siehst du?" Antwort: "Ich sehe den Mann, das Haus, die Kinder, einen Baum."

Akkusativobjekt: Ergänzung des Satzes im 4. Fall; z. B.: "Sie erwarten den Gast." - "Wen oder was erwarten sie?" Antwort: "Den Gast"; "Wir bekommen eine Nachricht." - "Wen oder was bekommen wir?" - "Eine Nachricht."

Aktiv: Tatform, Gegenteil von Passivform des Verbs

Aktive: (hier) die aktiven Sportler im Gegensatz zu den passiv zuschauenden Menschen

Alphabet: Buchstabenfolge; unser Vorrat an Schriftzeichen

alphabetisch: geordnet nach der Buchstabenfolge des ABC

Andersen: Vorname: Hans Christian; dänischer Dichter, der von 1805 bis 1875 lebte

antik: alt, altertümlich; die Antike (das griechisch-römische Altertum) betreffend

Apposition: Beifügung, im gleichen Fall stehend wie das dazugehörige Substantiv (Hauptwort) oder Personalpronomen (persönliches Fürwort); z. B.: "Friedrich der Große"; "ich als Weinliebhaber"; "Berlin, die alte Hauptstadt, liegt an der Spree."

Apostroph: Auslassungszeichen; z. B.: "Sel'ge Erinnerungen"; "mir hat's gereicht"; "'ne schöne Pleite"

Artikel: "Geschlechtswort", das Substantive begleitet und deren grammatisches Geschlecht angibt; z. B.: "Der Laden gehört einem Großkonzern; die Kindertagesstätte hier leitet eine Mutter."

B

Bonität: (hier) Zahlungsfähigkeit

Born: älterer Ausdruck für Brunnen, Quelle; heute nur noch dichterisch gebraucht

Bürde: Last, Mühe; z. B.: "Diese Bürde ist zu schwer."

C

Cardinale: Grundzahl; z. B.: eins, zwei, hundert; auch Kardinale geschrieben

Center: Mittelpunkt, Zentrum

Chiffre: Ziffern-/Buchstabenkombination; häufig verwendet in der Anzeigensprache

Comics: Bildgeschichten, z. B. Micky Maus, Asterix; verkürzte Form von "Comic strips" = Bildstreifen

Container: engl. für Behälter; bedeutet Großbehälter für Güterbeförderung, z. B. "Müllcontainer"

D

Dativ: 3. Fall oder Wem-Fall; antwortet auf die Frage: Wem? "Wem gebe ich das Buch?" Antwort: "Ich gebe dir das Buch."

Dativobjekt: Ergänzung des Satzes im 3. Fall; z. B.: "Ich zeige einem Fremden den Weg." - "Wem zeige ich den Weg?" Antwort: "Einem Fremden."

Deklination: Beugung von Haupt-, Eigenschafts-, Zahl-, Für- und Geschlechtswörtern; z. B. der Mann, des Mannes, einem Mann(e), einen Mann

deklinieren: beugen, in die Fälle setzen

Demonstration: Vorführung, Kundgebung, Beweisführung, Schau

Demonstrativpronomen: hinweisendes Fürwort; z. B. der, die, das (stark betont ausgesprochen: "Hast du d a s geglaubt?"); dieser, diese, dieses; jener, jene, jenes

Diphthong: Zwielaut, Doppellaut; z. B. au, äu, eu, ei, ey, ai, ay

direkte Frage: unabhängige Frage; z. B.: "Wollt ihr das Buch lesen?"

direkte Rede: wörtliche Rede; z. B.: Sie sagten: "Wir kommen heute später." oder: "Wir kommen heute später", sagten sie.

Distributivum: Einteilungszahl; z. B. je zehn, zehnfach

F

Fäkalien: Ausscheidungen, Kot

Femininum: weibliches (grammatisches) Geschlecht von Substantiven (Hauptwörtern) und Pronomen (Fürwörtern); z. B. die Frau; eine Frau; Kinder dieser Frau; die Frau, welche ...

Finalbestimmung: Umstandsbestimmung (Adverbiale) der Absicht, des Zweckes, des Begehrens; z. B.: "Zwecks weiterer Informationen fragen Sie Ihr Reisebüro."

Finalsatz: Absichts-, Zweck- oder Begehrenssatz; z. B.: "Wir schreiben einen Brief, um mit euch Kontakt zu halten. Wir schreiben einen Brief, damit wir mit euch Kontakt halten."

Finanzierung: Beschaffung/Bereitstellung von Geldmitteln

Flexion: Beugung; umfaßt sowohl die Deklination (Beugung von Substantiven und Personalpronomen) als auch die Konjugation (Beugung der Verben)

flektierbar: beugbar, d. h., durch Anhängen von Endungen usw. können Wörter in Bedeutung und Funktion verändert werden

Fraktionszahl: Bruchzahl; z. B. 1/3, 0,4

Futur: Zukunft; wird benutzt, um auszudrücken, daß eine Tätigkeit/ein Vorgang erst in der Zukunft (dem Futur) geschehen wird; z. B.: "Er wird in einem Jahr pensioniert werden. Wir werden morgen abreisen."

Futur II: vollendete Zukunft; wird meist benutzt, um auszudrücken, daß eine Tätigkeit in der Zukunft abgeschlossen sein wird, z. B.: "Er wird in einem Jahr pensioniert worden sein. Wir werden morgen unseren Schock vergessen haben."

G

Garant: Bürge; z. B.: "Menschlichkeit ist ein Garant für die Zukunft."

Genitiv: 2. Fall oder Wessen-Fall, antwortet auf die Frage: Wessen?; "Wessen Auto meinst du?" Antwort: "Ich meine das Auto des Mannes/der Frau/des Fräuleins."

Genitivobjekt: Ergänzung des Satzes im 2. Fall; z. B.: "Sie werden des Betruges verdächtigt." - "Wessen werden Sie verdächtigt?" Antwort: "Des Betruges."

Genus: Geschlecht, Herkunft, Art; hier ist das grammatische Geschlecht der Substantive gemeint (s. Femininum, Maskulinum, Neutrum).
Bei den Verben (Tätigkeitswörtern) kennt man das genus verbi (Geschlecht der Tätigkeitswörter) als Sammelbegriff für Aktiv- und Passivform der Verben.

Gilde: früher Zusammenschluß von Menschen für gemeinnützige, wohltätige Zwecke und Schutz auf Gegenseitigkeit (z. B. Brandschutzgilde); heute Zusammenschluß von Interessengemeinschaften einer Zunft (z. B. Goldschmiede-Gilde, Handwerker-Gilde)

Grammatik: Sprachlehre, Regelsystem einer Sprache

H

Harpunieren: Jagen mit der Harpune, einem speerähnlichen Geschoß, versehen mit Fangleine und Widerhaken

I

Immobilien: Grundbesitz, Häuser, Liegenschaften; Besitz, der unbeweglich ist

Imperativ: Befehlsform, Aufforderung; z. B.: "Gib mir zu essen! Kauft, Leute, kauft! Laß das sein!"

Imperfekt: auch Präteritum genannt - Vergangenheits- und Erzählzeitform des Verbs; z. B.: "Wir vergaßen im Urlaub unsere Sorgen."

Indefinitum: unbestimmtes Fürwort; z. B. jeder, jede, jedes; jemand/niemand; irgend einer, irgend eine, irgend ein; einige; manche; sämtliche

Indefinitpronomen: siehe Indefinitum

Indikativ: Wirklichkeitsform des Verbs; Gegenstück zum Konjunktiv (Möglichkeitsform); z. B.: "Wir lesen/lasen/werden lesen."

indirekte Frage: abhängige Frage; z. B.: "Ich weiß nicht, was soll es bedeuten, daß ich so traurig bin." / "Es ist fraglich, ob sich die Mühe lohnt."

individuell: einer Person eigentümlich; der Eigenart eines einzelnen angepaßt

Infinitiv: nicht veränderbare Grund- oder Nennform des Verbs; z. B. nehmen, müssen, verstehen, haben

Infinitivkonstruktion: erweiterte Grundform des Verbs; z. B. ohne zu nehmen; statt zu müssen; um zu verstehen; Geld zu haben

Instrumentalbestimmung: Umstandsbestimmung des Mittels

Interjektion: Ausrufe- oder Empfindungswort; z. B. oho!, igitt!, patsch!, aua!

Interpunktion: Zeichensetzung und Satzzeichen (Punkt, Komma, Fragezeichen usw.)

Interrogativadverbien: Fragewörter, die nach den Umständen fragen; z. B. warum?, wo?, wann?

Interrogativpronomen: Fragefürwort; z. B. wer?, was?, wem?, wen?, womit?, woraus?, wofür?, welcher?, welche?

intransitiv: ziellos, nicht zielend, unpassivisch (kein Passiv bildend); Verben, die kein Objekt im Akkusativ (4. Fall) haben können

Inversion: Umkehrung der normalen Folge von Subjekt (Satzgegenstand) und Prädikat (Satzaussage), d. h., Prädikat vor Subjekt im Satz stehend; z. B.: "Fritz fischt frische Fische." (normal) "Frische Fische fischt Fritz." (Inversion)

K

Kasus: Fall; durch die Deklination setzen wir Substantive (Hauptwörter) in die Fälle: Nominativ, Genitiv, Dativ, Akkusativ

kausal: begründend; d. h.: wollen wir in einem Satz ausdrücken, welchen Grund ein Hergang hat, benötigen wir die kausale Bestimmung; z. B.: "aus Angst", "vor Neid"

Kausalbestimmung: siehe kausal; z. B.: "Sie wurden blaß vor Neid."

Kausalsatz: Begründungssatz; Gliedsatz, der Ursache oder Grund eines Hergangs, eines Geschehens ausdrückt. Kausalsätze werden häufig mit den Konjunktionen da, weil eingeleitet; z. B.: "Wir sind glücklich, weil wir gesund sind." / "Da wir gesund sind, macht uns diese körperliche Bewegung nichts aus."

Komödie: Lustspiel

Komparation: Steigerungs- und Vergleichsstufen der Adjektive (Eigenschaftswörter); Positiv: schön, Komparativ: schöner, Superlativ: am schönsten/der, die, das schönste ...

Komparativ: Vergleichsform, 1. Steigerungsstufe des Adjektivs; z. B.: "Heute ist es schöner als gestern."

Komparativsatz: Vergleichssatz; z. B.: "Er verhält sich so, wie man es von einem Spinner erwartet." / "Wir verhalten uns so, als wären wir Eingeborene."

Kompositum: zusammengesetztes Wort; z. B. narrensicher, Schlüsselloch, schaurigschön

Konditionalbestimmung: Umstandsbestimmung der Bedingung; z. B.: "Bei weniger Habgier hätte alles bestens geklappt."

Konditionalsatz: Bedingungssatz; Gliedsatz, der die Bedingung/ den möglichen Grund eines Ablaufs im Hauptsatz ausdrückt. Konditionalsätze werden häufig eingeleitet durch: wenn, falls, vorausgesetzt + daß; z. B.: "Es hätte alles bestens geklappt, wenn sie weniger habgierig gewesen wären."

Konjugation: Beugung der Verben (Zeitwörter); z. B.: ich gehe, du gingst, er wird gehen

konjugieren: In-die-Zeiten-Setzen/Beugen von Verben

Konjunktion: Bindewort, das Wörter, Satzteile oder Sätze verbindet; z. B.: "Falls niemand erkrankt und das Wetter so bleibt, dann werden wir alle am Sonntag wandern gehen."

Konjunktionalsatz: Bindewortsatz; Gliedsatz, der durch eine Konjunktion (Bindewort) eingeleitet wird. z. B.: "Ihr akzeptiert nicht, daß Spielregeln eingehalten werden, weil ihr euch davon Vorteile erhofft."

Konsekutivbestimmung: Umstandsbestimmung der Folge; z. B.: "Der Film ist zum Einschlafen."

Konsonant: Mitlaut (zur Unterscheidung siehe Vokal); Buchstabe, der ohne Zuhilfenahme eines Vokals (Selbstlaut) nicht lauten/klingen kann; z. B. p, d, h

Konstitution: hier: Verfassung eines Staates; auch: körperlicher Zustand ("Die Konstitution des Kranken ist bedenklich.")

Kontakt: Berührung, Fühlungnahme, Beziehung

Konzessivbestimmung: Umstandsbestimmung der Einräumung; z. B.: "Trotz guter Ortskenntnis verliefen wir uns."

Konzessivsatz: Einräumungssatz; Gliedsatz, der das Vorhandensein eines Umstandes einräumt. z. B.: "Obwohl (obgleich, wenn... auch) wir die Gegend gut kannten, verliefen wir uns."

koordinierend: beiordnend; z. B. koordinierende Konjunktionen = beiordnende Bindewörter (und, auch; sowohl - als auch; oder, entweder - oder; dennoch)

korrekt: richtig, ohne Fehler, einwandfrei; ("Sein Verhalten war korrekt.")

Kreativität: schöpferische Kraft ("Wir müssen die Kreativität unserer Kinder fördern.")

Kritik: Beurteilung, bewertende Besprechung; Tadel, Mißfallensäußerung

Krösus: letzter König von Lydien (560-547 v. Chr.), der für seinen Reichtum bekannt war

Kulisse: Bühnendekoration, verschiebbare Bühnenwand

Kulturtechnik: Lesen und Schreiben sind Kulturtechniken, d. h. Mittel, mit denen wir uns verständigen

L

Leviten: Angehörige eines israelitischen Stammes, später Priesterdiener; (hier) jemanden ernst ermahnen bzw. zurechtweisen: "Ich lese dir die Leviten."

lokal: örtlich, auf ein bestimmtes Gebiet beschränkt

Lokalbestimmung: Umstandsbestimmung des Ortes; z. B.: "Sie sitzen dort und schauen den Berg hinunter."

Lokalsatz: Gliedsatz, der den Ort näher bestimmt; z. B.: "Sie sitzen (dort), wo sie immer sitzen." / "Schaut, wohin ihr wollt."

M

Makler: Vermittler für Geschäfte; (hier) Vermittler von Grundstücken

Maskulinum: männliches (grammatisches) Geschlecht von Substantiven (Hauptwörtern) und Pronomen (Fürwörtern); z. B. der Mann, ein Mann; Probleme dieses Mannes; der Mann, welcher ...

Methusalem: (hier) sehr alter Mensch; nach der Bibel Großvater von Noah, der weit über 900 Jahre alt gewesen sein soll

Ministerpräsident: Chef einer Regierung

modal: die Art und Weise bezeichnend

Modalbestimmung: Umstandsbestimmung der Art und Weise; z. B.: "Wir sparen Benzin durch vernünftiges Fahren."

Modalsatz: Gliedsatz, der ausdrückt, auf welche Art und Weise etwas geschieht; z. B.: "Wir sparen Benzin, indem wir vernünftig fahren."

modale Verben: drücken die Art und Weise einer Handlung, eines Geschehens, eines Zustands aus; z. B. sollen, wollen, können, mögen, müssen, dürfen

Modus: Aussageweise; z. B.: beim Verb gibt es die drei Aussageweisen (Modi): Indikativ, Konjunktiv, Imperativ

Momente: (hier) Augenblicke, Zeitpunkte; der Moment = der Augenblick/die Momente = die Augenblicke; aber: das Moment = wesentlicher Umstand

Moral: Sittlichkeitslehre, Nutzanwendung; (hier) Lehre aus einer Geschichte

N

Negation: Verneinung, Ablehnung

Neutrum: sächliches (grammatisches) Geschlecht von Substantiven (Hauptwörtern) und Pronomen (Fürwörtern); z. B. das Kind, ein Kind; Spielsachen dieses Kindes; das Kind, welches ...

Nomen: Wort, das dekliniert werden kann (z. B. Substantiv, Adjektiv)

Nominativ: 1. Fall oder Wer-Fall, antwortet auf die Frage: Wer oder was?; z. B.: "Wer oder was steht im Garten?" Antwort: "Der Baum, die Blume, das Fahrrad; ein Gast."

Numerale: Zahlwort; unterschieden wird nach bestimmten und unbestimmten Zahlwörtern: vier, fünf, sechs und viele, alle, etliche

Numerus: Zahl; grammatischer Oberbegriff für "Singular + Plural"

O

Objekt: Satzergänzung, die das Prädikat (Satzaussage)/das Verb (Tätigkeitswort/Zeitwort) ergänzt. Zielrichtung der Tätigkeit ist eine Person oder eine Sache. Es gibt Genitivobjekte, Dativobjekte, Akkusativobjekte und präpositionale Objekte

Objektsatz: Ergänzungssatz; Gliedsatz, der einen Haupt- bzw. einen übergeordneten Satz ergänzt; z. B.: "Wir bestreiten, daß wir es getan haben." = "Wir bestreiten die Tat." - "..., daß wir es getan haben" ist ein Gliedsatz anstelle eines Akkusativobjektes, hier: "die Tat".

Ode: feierliches Gedicht

Opposition: Gegnerschaft, Gegensatz, Widerrede, Gegenpartei

Ordinale: Ordnungszahl, z. B. der vierte, der fünfte, der sechste

P

Parade: Truppenschau, Vorbeimarsch; Abwehr eines Angriffs

Partikel: kleines Teilchen; (hier) grammatischer Sammelbegriff für Konjunktionen, Adverbien, Präpositionen, Interjektionen = für alle Wörter, die wir nicht beugen können

Partizip: Mittelwort eines Verbs, z. B. zu sehen: sehend, gesehen (Partizip Präsens, Partizip Perfekt)

Partizip Perfekt: Mittelwort der Vergangenheit; z. B. sprechen - gesprochen: "er hat gesprochen", "das gesprochene Wort"; pfeifen - gepfiffen: "der Junge hat gepfiffen", "das gepfiffene Lied"

Partizip Präsens: Mittelwort der Gegenwart; z. B. sprechen - sprechend: "eine sprechende Puppe"; pfeifen - pfeifend: "ein pfeifender Junge", "er kommt pfeifend um die Ecke"

Partizipialkonstruktion: erweitertes Mittelwort; z. B.: "Wir vertrauten den sich ständig verändernden Umständen nicht." - "Wir hörten den laut pfeifenden Jungen."

Partizipialsatz: Mittelwortsatz; z. B.: "Der Junge, der den Kopf voller Flausen hat, träumt durch den Tag." = "Der Junge, den Kopf voller Flausen (habend), träumt durch den Tag."

Passiv: Leideform, Gegenteil von Aktivform des Verbs

Perfekt: vollendete Gegenwart = Zeitform des Verbs; z. B. leben - hat gelebt; sein - ist gewesen

Personalien: Angaben über eine Person: Herkunft, Geburtstag, Geschlecht, Name, Beruf usw.

Personalpronomen: persönliches Fürwort (ich, du, er; meiner, unser, euer; Sie, Ihnen)

phantastisch: schwärmerisch, großartig, überspannt

planieren: einebnen, glätten, planmachen

plastisch: anschaulich, bildhaft

Plural: Mehrzahl; Gegensatz zu Singular (Einzahl)

Plusquamperfekt: vollendete Vergangenheit = Zeitform des Verbs; z. B. leben - hatte gelebt; sein - war gewesen

Positiv: Grund- oder Nennstufe der Komparation (Steigerung von Adjektiven); von der Grundstufe geht die Steigerung aus: billig - billiger - am billigsten

Possessivpronomen: besitzanzeigendes Fürwort; z. B. mein, dein, sein

Prädikat: Satzaussage; der Teil des Satzes, in dem etwas über das Subjekt (Satzgegenstand) ausgesagt wird: "Der Winter kommt. Das Kind erkältet sich."

Prädikatsatz: Satzaussagesatz; Gliedsatz, der an die Stelle eines Prädikatsnomens tritt; z. B.: "Er ist das, was man einen Betrüger nennt." steht für: "Er ist ein Betrüger."

Prädikatsnomen: Hauptwort oder Eigenschaftswort in der Satzaussage; z. B.: "Mensch bleibt Mensch. Ein alter Mensch ist weise."

Präfix: Vorsilbe, z. B. un-, be-, ge-, ver-, miß-

Präposition: Verhältniswort, z. B. an, auf, bis, hinter, vor, usw. Verhältniswörter stellen ein Verhältnis zwischen verschiedenen Wörtern her: "Ich gehe an das Fenster, bis zur Treppe." / "Vor dir steht ein Glas auf dem Tisch."

Präsens: Zeitform des Verbs, meist mit Gegenwartsbedeutung; z. B.: "Ich lebe hier und heute."

Präteritum: auch Imperfekt genannt; Vergangenheits- und Erzählzeitform des Verbs; z. B.: "Sie verkauften 1960 ihren Hof und zogen in die Stadt."

Prinzip: Grundsatz, Regel

Pronomen: Fürwort, das für ein Nomen steht; es kann Besitz/Zugehörigkeit/Beziehung ausdrücken; z. B.:"Dieses Aufgabengebiet, welches wir soeben durchgesprochen haben, ist mein größtes Problem."
Bei den Pronomen unterscheiden wir: Demonstrativ-, Indefinit-, Interrogativ-, Personal-, Possessiv- und Relativpronomen.

Q

Qualität: Güte, Beschaffenheit, Wertstufe

Quantität: Menge, Masse, Größe und Umfang

R

radikal: rücksichtslos, scharf, bis zum Äußersten gehend; gründlich

reflexiv: rückbezüglich

reflexives Verb: rückbezügliches Zeitwort, das mit dem Reflexivpronomen eine Verbindung eingeht; z. B.: "Ich freue mich über den Besuch." / "Ich nehme mir diese Reise vor." / "Der brave Mann denkt an sich (selbst) zuletzt."

Reflexivpronomen: rückbezügliches Fürwort, das zu den Personalpronomen gehört und mit dem Satzsubjekt in Person und Zahl deckungsgleich ist; z. B.: "Wir haben uns geschämt." / "Ihr verletzt euch." / "Sie verstecken sich."

Relativpronomen: bezügliches Fürwort; z. B.: "Der Gedanke, der ihm kam, ..." / "Das Geld, welches wir nicht hatten, ..."

Relativsatz: Beziehungssatz; ein Gliedsatz, der mit einem Relativpronomen eingeleitet wird; z. B.: "Ein Hund, der viel bellt, beißt auch."

Resultat: Ergebnis

reziprok: wechselseitig

rigoros: rücksichtslos, sehr streng, hart

Route: Wegstrecke, Reiseweg, Marschstrecke (die vorgegeben sind)

S

Silbe: kleinste Sprecheinheit in der deutschen Sprache, die aus einem Vokal (Selbstlaut) oder aus einem Vokal und mehreren Konsonanten (Mitlauten) besteht; z. B.: a-ber, I-gel, ver-ges-sen

Singular: Einzahl; Gegensatz zu Plural (Mehrzahl)

souverän: unumschränkt, überlegen

Souveränität: höchste Staatsgewalt; Unabhängigkeit

Stimmenimitator: Mensch, der Stimmen und Töne von Lebewesen nachahmt

Subjekt: Satzgegenstand; z. B.: "Das Licht blendet."

Subjektsatz: Satzgegenstandssatz; Gliedsatz, der die Stelle des Subjekts (Satzgegenstand) einnimmt; z. B.: "Wer's kann, fängt noch einmal von vorne an." = "Der Könner fängt noch einmal von vorne an."

subordinierend: unterordnend; z. B. subordinierende Konjunktionen = unterordnende Bindewörter (weil, daß, ob)

Substantiv: Hauptwort, z. B. Telefon, Verbindung (wird immer groß geschrieben)

Suffix: Nachsilbe; z. B. -er, -ing, -ung, -chen, -haft, -los

Superlativ: 2. Steigerungsstufe der Komparation (Steigerung von Adjektiven); z. B.: "So ist es am besten." / "Er ist wirklich von allen Schülern der beste."

Synonyme: Wörter mit ähnlicher oder gleicher Bedeutung; z. B.: prächtig - großartig - enorm - ungewöhnlich schön

Syntax: ein Teil der Grammatik: die Satzlehre

T

temporal: zeitlich, das Zeitverhältnis angebend

Temporalbestimmung: Umstandsbestimmung der Zeit, die die näheren Umstände in einem Satz zeitlich angibt und mit einer temporalen Konjunktion eingeleitet wird; z. B.: "Als (bevor) der Bus ankam, kauften wir die Fahrkarten." / "Seit (während) ich unterwegs bin, kommen mir die besten Gedanken."

Tempus: Zeitform des Verbs, z. B. Präsens, Präteritum, Futur

transitiv: zielend, passivisch (Passiv bildend); Verben, die ein Akkusativobjekt haben können, welches ins Passiv gesetzt werden kann. Z. B.: "Das Kind ißt ein Butterbrot." - "Ein Butterbrot wird gegessen (von dem Kind)."

U

Ufo: Abkürzung für "unbekanntes Flugobjekt"

V

Verb: Zeitwort, Tätigkeitswort, z. B. schlafen, leben, machen

Vokabel: einzelnes Wort, Benennung, Bezeichnung

Vokabular: Wortschatz einer Sprache, Wörterverzeichnis

Vokal: Selbstlaut (siehe zur Unterscheidung auch Konsonant); Buchstabe/Laut, der ohne Zuhilfenahme eines Konsonanten (Mitlaut) ausgesprochen werden kann

W

Wortstamm: bedeutungstragende Silbe eines Wortes, die durch Präfixe, Suffixe und Vokalwechsel verändert wird; z. B. sing-en, sang, ge-sung-en, Ge-sang, be-sing-en

Z

Zeichensetzung: siehe Interpunktion

Quellennachweis

Frankfurter Rundschau, Frankfurt/M. (S. 14) "Im Wortlaut: Die Axt am Eichenfaß" und Zeichnung (Musil) (4.6.1981)

Bjarne Geiges, Foto (S. 34)

LitPol Verlagsgesellschaft mbH, Berlin (S. 33) 2 Linolschnitte von Carl Meffert

Manesse-Verlag Conzett & Huber, Zürich (S. 61) "Die Lumpen" von H. C. Andersen, aus: "Gesammelte Märchen", 2. Band

Karl Rauch Verlag KG, Düsseldorf (S. 11) aus: "Der Kleine Prinz" von Antoine de Saint-Exupéry, Düsseldorf 1964, S. 85/86

Der Tagesspiegel, Berlin (S. 70) "Scheckheft-Hauptgewinner ..." (6.6.1981)

Triumph-Adler Aktiengesellschaft für Büro- und Informationstechnik, Nürnberg (S. 65 - 67) "Zeichensetzung - schnell erfaßt"

Wir danken allen, die uns durch Genehmigung zum Abdruck freundlich unterstützt haben.

BAUSTEINE DEUTSCH

Ein Programm zur Erweiterung der Ausdrucksfähigkeit im Deutschen

von Gernot Häublein, Gudrun Häusler und Theo Scherling

- Die Zielgruppe des Programms sind Erwachsene und Jugendliche, die ihre Ausdrucksfähigkeit weiterentwickeln wollen. Es eignet sich daher besonders für Kurse an Volkshochschulen und anderen Einrichtungen der Erwachsenenbildung sowie für den Zweiten Bildungsweg (Abendschulen) und berufliche Schulen.

- Jeder Baustein des Programms entspricht einem bestimmten Bereich sprachlicher Kenntnisse, Fertigkeiten und Fähigkeiten und zugleich einem Lernbedürfnis, das durch Teilnehmerumfragen in zahlreichen Deutschkursen der Autoren ermittelt wurde.

- **Baustein 1 „Grammatik · Zeichensetzung: Schwerpunkte"** behandelt sehr häufig auftretende Probleme der Grammatik und Zeichensetzung und eignet sich sowohl als Unterrichtsmaterial für einen Kurs wie auch als „Eingreifmaterial" für die Auffrischung und Wiederholung einzelner Sachbereiche. Jedes der 19 Teilthemen kann unabhängig von den anderen bearbeitet werden.

  Lehr- und Arbeitsbuch 103 Seiten, 21 x 28 cm, kartoniert-laminiert, Best.-Nr. 49 821

  Lehrerhandreichungen Best.-Nr. 49 822

- **Baustein 2 „Telefonieren · Schriftliche Mitteilungen".** Telefonieren und schriftliche Mitteilungen sind zentrale Kommunikationsformen im Beruf und im privaten und öffentlichen Leben in all den Fällen, wo ein persönliches Gespräch nicht möglich oder ungeeignet ist.
  Dieser Baustein vermittelt sprachliche Sicherheit und Flexibilität beim Telefonieren und Schreiben sowie besonders die Fähigkeit, sich auf die Situation und den Partner einzustellen.

  Lehr- und Arbeitsbuch 79 Seiten, 21 x 28 cm, kartoniert-laminiert, Best.-Nr. 49 823

  Cassette mit Hör- und Sprechübungen Best.-Nr. 84 422

  Lehrerhandreichungen Best.-Nr. 49 824

- **Baustein 3 „Stellensuche · Bewerbung · Kündigung".** Die Thematik betrifft wichtige Vorgänge im Leben jedes Arbeitnehmers. Anrufe, Briefe, Gespräche, Verträge, Anzeigen, Gesetzes- und Vertragstexte stehen im Mittelpunkt dieses Bausteins.

  Lehr- und Arbeitsbuch 95 Seiten, 21 x 28 cm, kartoniert-laminiert, Best.-Nr. 49 825

  Cassette mit Hör- und Sprechübungen Best.-Nr. 84 423

  Lehrerhandreichungen Best.-Nr. 49 826

- **Baustein 4 „Gespräch · Besprechung · Diskussion".** Diese drei Kommunikationsformen dienen der Entscheidungsfindung im Beruf, im privaten und öffentlichen Leben. Gesprächsvorbereitung, Einstellung auf den Partner, Argumentieren und Gesprächsregeln sind die wichtigsten Lernziele dieses Bausteins.

  Lehr- und Arbeitsbuch 79 Seiten, 21 x 28 cm, kartoniert-laminiert, Best.-Nr. 49 827

  Cassette mit Hör- und Sprechübungen Best.-Nr. 84 424

Langenscheidt